評伝 中野正剛

室 潔

早稲田大学出版部

昭和12年11月11日、東京駅頭にて

まえがき

中野正剛の名を多くの人に記憶させ、あるいは語らせているものは、おそらく彼の死であろう。中野は、昭和一八年一〇月二七日、五七年の生涯に自らの手で終止符をうった。太平洋戦争開戦後二年目のことである。終戦直後の自決者の場合とは違って、彼は戦時下に軍事独裁政権と争い、敗れて死を選んだ。それは、結果としてそうなってしまったというのではなく、そもそも、最初に死を決意していなければ、そのような争いそのものが起こりえないことであった。

しかし、さらに踏みこんでこの中野の死をどのように理解するのかとなると、その評価は今日なお定まったとはいいがたい。彼が、文字どおり一命を賭して東條政権に戦いを挑んだのはなぜか。その答えが釈然としないのは、これに先行する彼の言動に十分な理解がえられていないからである。ことに昭和六年前後を境として、そのようにいえる。民政党脱退後、彼はナチスへの傾倒を強め、政党政治、議会政治から急速に遠ざかるかに見える。しかも、そのヒトラー礼讃、ナチス讃美は、最後まで変わらなかった。わからないとされるのは、彼のこの変わりようなのである。以前の彼は、首尾一貫したリベラリストであり戦闘的なデモクラットであった。それが一変してナチス・シンパになるというこの変わり身は、人を眩惑しとまどわせずにはおかない。そして、そこのところがわからないとなると、彼の死の意味もまたわかりようがない。あえて単純化したいい方をすれば、それほどまでにヒトラーに心酔していた中野が、なぜ東條に対して楯突かねばならなかったのか。ヒトラーは東條に輪をかけた独裁者であり、当時の日本は、ナチス・ドイツの忠実な盟邦であった。要するに、理解に苦しむとしかいいようがないのである。

たしかに、明快な答えが一つだけあるにはある。つまり、それは、この中野の変身を「転向」とみなす。世界恐慌に端を発する混迷の中で、彼は古い衣装を脱ぎすて、新しい潮流に身をゆだねた。その上、有能な転向者ほどその転じ方も激しいものである。なるほどそう解釈すれば、無理なく辻褄が合う。ただ、生前の中野を知る者の間では、そのような処世術ほど彼に似つかわしくないものはないという声が、執拗なまでに根強い。そして、それよりも何よりも、「転向」というのは、変節であり裏切りのことなのである。一度変節した者は、以後何度でも節をまげる。およそ変節漢にあのような決然とした死に方などできるわけがない。

となれば、問題は再び中野の変わり身というところにもどってくる。彼のヒトラー礼讃、ナチス讃美は何を意味するのか。すなわち、彼はヒトラーに何を期待し、ナチスに何を見たのか。このことを事実に即して明らかにする以外に、彼の死の意味を見きわめる術《すべ》はない。しかも、太平洋戦争中、わが国の政党政治家、議会政治家の中に、中野のように軍事独裁政権と争って死んだ者は他に一人もいない。

毎年夏になると、われわれは少なくとも一日は太平洋戦争を思い出す。それもくりかえされて既に七十数回に及ぶ。にもかかわらず、今日なお彼の死が不分明なままでよいわけがない。幸いなことに、彼は実に多くの著述を残している。その豊かな文才は最後まで衰えを知らず、刊行された単行本は十数点、主宰する機関誌等雑誌に掲載された評論に至っては、まさに枚挙にいとまがない。われわれが知りたいと思っていること、あるいはその手がかりは、おそらくその厖大な彼の遺産の中にうずもれているのではなかろうか。それを丹念にさぐっていけば、中野が何を考え、何をしようとし、またしたのか、多かれ少なかれ明らかになるであろう。そのようにして中野の足跡をたしかめ、様々な角度からその素顔を描き出すこと。本書の目的は、ただこの一点におかれている。

目次

目　次

目　次

本書には本文及び註の中で中国の呼称として「支那」を使用している部分があるが、これはあくまでも学問上特定の時代状況を的確に描き出すために、その当時の用語法を限定的に踏襲することが表現方法として許容されうるという判断によるものである。この呼称の使用に関して、それ以外のいかなる動機も目的も有していないことを、念のためにここに明記する。

著者

第一章　ヒトラー礼讃の意味

はじめに

中野正剛は、「ナチスかぶれといわれた[1]」政治家であった。たしかに、昭和六年末民政党を脱退して以来、国民同盟を組織しさらに東方会を率いて活躍する彼の言動には、性急かつあからさまなナチスへの傾倒が示されている。党員にユニフォームを着用させ、ナチスのそれを模した党旗、党章を採用する彼の行動は、誰の目にもそのことを印象づけずにはおかなかった。また、自殺の直前にヒトラーの肖像を自室から取り片付けさせたとはいえ、彼のヒトラー礼讃は最後まで変わってはいない。昭和一八年六月二日、母校の中学修猷館における講演で、彼はヒトラーを依然として「民衆の指導者」と賞讃し、その「崇高なる精神」を高く評価している。[2]かつては「民政党内リベラル派[3]」であり、「大正期のデモクラット[4]」であった中野が、一転してかくの如き「ナチスかぶれ」に変身したのはなぜであろうか。

今日なお続いている一つの有力な解釈は、それを中野の変節とみなす。もしも、中野が文字どおりナチスに「かぶれ」、単純なヒトラー崇拝、ナチス信奉に終始したのであれば、たしかにそれまでの彼の政治信条はここで断絶する。「リベラリスト」あるいは「デモクラット」としての彼の経歴はここで終わり、「日本のヒットラー」としての新たな経歴がここから始まるということになる。

そしてそれは、きわめて理解しやすい明快な解釈に相違ない。ただ、この解釈が成り立つためには、右に述べられた前提条件が満たされなければならない。つまり、中野はヒトラーに何を見、何をもくろんでナチスを模倣したのか。この点が確認されなければ、やはり彼の変身の意味は不分明であり続ける。「ナチス」に変身することで中野は何をなそうとしたのか。答えの鍵は、やはり彼のナチス観にあるように思われる。ところが、この解釈はむしろ逆の方向からとりかかって、答えの鍵を昭和六年以後の中野の行為から直接引き出す。例えば、既成政党から離反したこと。満洲事変を積極的に肯定したこと。内閣への権力集中と経済統制の強化を唱導したこと。そのような彼の言動をそっくりそのままナチスの侵略政策と独裁体制の引きうつしとみなし、逆にそのことから彼のナチス観は自明のものとして扱われる。となれば、その当然の結果として、彼の「変身」の意味は「変節」以外にありえない。

既におおよそ察せられるように、この論法の弱点は、右にあげた中野の言動を十分に吟味することなく、ただちにナチズムと断定している点にある。それはほとんど、ナチスのスタイルをまねる者のいうことはナチズムにきまっているときめつけているといってもよい。果たして、彼の肯定した満洲事変はナチスの侵略政策と同日に談じうるのか。彼の主張する内閣への権力集中や経済統制の強化は、ナチス独裁体制と同質なのか。そもそも彼の既成政党からの離反は、政党政治そのもの、議会政治そのものの否定を意味するのか。こういった点についてこれまでに十分な根拠が示され、説得力のある説明がなされてきたとはとうてい思われない。すなわち、問いはもう一度もとにもどる。中野の変身を理解する鍵は、やはり彼がナチスに何を見ていたのか、つまり彼のナチス観ということにならざるをえないのである。

中野の「ナチスかぶれ」を性急に変節と断ずるのではなく、その言動を十分に吟味することで、表面に現れた激しい変化にまどわされず、その背後に彼の目指しているものをさぐりあてようとするのならば、われわれは、ここであらかじめ二つのことを確認しておく必要があろう。まずその一つは、中野のヒトラーないしナチス・ドイツに関する認識は、当時の日本の水準に照らして相当に高度であるということ。そして今一つは、にもかかわらず彼のその認識は、われわれの認識と同じではありえないということである。

彼は、朝日新聞記者として大正四年から約一年間イギリスに留学し、また第一次大戦後のパリ講和会議に際しては、『東方時論』特派員として自ら取材にあたっている。そのような経験によって彼の国際的視野は広められ、その英語力に裏打ちされた情報収集力は、政界に転じた後も彼の有力な武器として機能し続けた。国会議員にはめずらしく、彼は『ロンドン・タイムズ』等主要な英字新聞を定期購読し、常に海外情報に目をくばる努力を怠っていない。ヒトラーとナチスの台頭について、国内紙の報道がなお消極的でわずかな紙面しかさこうとしなかった段階で、いち早く彼が鋭い反応を示したのは、おそらくその結果であろう。ナチスに関する彼の認識は、そのような形での独自の情報蓄積にもとづいている。そして、あたかもそのことを象徴するように、昭和一三年二月ベルリンにおいて彼はヒトラーとの会見を果たした。国民使節を自称してはいたが、野党の、しかも小会派の党首にすぎぬ国会議員がヒトラーに会見を申し入れること自体相当に勇気のいることに違いない。いずれにせよ、ヒトラー及びナチスに関する中野の認識は、当時の日本において有数のものであったといえよう。

第一の点についてはそのように理解した上で、しかし、われわれがここで一段と強調しておかねばならぬことは、むしろ第二の点なのである。中野のナチス認識がいかにしっかりしたものであろうと、それが今日のわれわれのそれと同一であるはずがない。好むと好まざるとにかかわらず、それぞれの認識はそれぞれの時代の制約を受けている。その意味で彼は、今日ヒトラーやナチスについて天下周知とされる多くの事柄を必ずしも知りうる立場にはなかった。ましてや、ニュルンベルク裁判を経たわれわれにとって常識となっている多くの知識を彼が持っていなかったとしても、それは何の不思議もない。現在おこなわれているナチス像を基準として中野の言動を判定しようとすることは、それ故ひかえられるべきである。中野のナチス観を追究するにあたって、われわれは、このことを特にしっかりと心に留めておかねばならない。

一　「日本のヒットラー」

「日本のヒットラー中野正剛さん、意気まさに天をつくような大気焔だった」[5]。昭和七年二月一日、『東京日日新聞』は中野とのインタビューを大きな顔写真と共に掲載し、そんな風にしめくくっている。中野が新聞紙上で公然とヒトラーに擬せられたのはおそらくこのあたりがはしりであろうが、彼をナチスの信奉者とみなす世評は、むしろ活発な彼の言動によって裏づけられ、速かに定着していった観がある。例えばこのインタビューの直前、一月一五日日本青年会館における講演で、彼は自らの立場を「ソーシアル・ナショナリズム」（社会国民主義）であると揚言し[6]、また同年末彼を幹部の一人として結成された国民同盟は、その綱領もさることながら、黒サージ両胸ポケット、ベルトつきのユニフォームを採用して世の注目を集めた。さらに昭和八年彼が公にした『国家改造計画綱領』を見ると、そこでは激しい調子で既成政党との絶縁が宣言され、他方「強力内閣」を組織し非常時国策を「独裁的に断行」すべしと主張されてもいる[7]。民政党からの脱退は、中野のナチスへの傾倒の始まりであり、以後それは短時日のうちに急テンポで激化した。やがて国民同盟からも離脱し、自ら東方会を率いるに至って、ついに彼は「全体主義に則る」ことを明言し[8]、さらにそのような国内での活動に加えて、昭和一三年には国民使節を自称し、ヨーロッパに押し渡ってヒトラーと会見するに至った。

そういった中野の言動をそのまま額面どおりに受けとり、疑問の余地のないナチスへの信仰告白とみなす見方は、当時の一般的な世評のみならず、今日もなお存続している。例えば猪俣敬太郎は『中野正剛の生涯』において、特に昭和八年の『国家改造計画綱領』をその証左と断定する。とりわけ、そこで中野が主張する二つの点、すなわち「強力内閣」により「独裁的に非常時国策を断行」すること、さらに「議会より非常時国策の遂行に必要なる独裁的権限を内閣に委任せしむ」こと、この二点をとらえて猪俣は、「ナチスの主張とほとんど変らぬ独裁体制の主張」とみなす[9]。『国家改造計画綱領』の提言に付記された説明によれば、中野はこの「独裁的強力内閣」について「必ずしも議会政治の否定ではない」とし、その先例は「現に民主国米国に於いてさえ広範囲に互って実現されてゐる」と記している[10]。それを承知の上で、それでもなお猪俣が右のような見解をとる根拠は、この同じ年の三月、ドイツ国会が可決した授権法（ないし全権賦与法 Ermächtigungsgesetz）であった。ドイツ国会がヒトラー内閣に全権を賦与したこの法律は、正規の手続きによって合法的に成立した時限立法であったにもかかわらず、ナチス独裁体制の確立を決定づけたのである[11]。しかし、中野自身の語るところとはまた別に、客観的な史実に照らして考えてみると、猪俣のこの解釈には少々無理がある。ドイツ国会が授権法を可決成立せしめたのは、この時が初めてではない。ちょうどこの一〇年前、一九二三年ドイツ国会はシュトレーゼマン内閣に対して、同じように全権を賦与する授権法を成立させている。そしてシュトレーゼマン（Gustav Stresemann）はこれを活用して、暗礁に乗りあげていた賠償問題を解決し、絶望的なインフレーションを収拾し、政権奪取をもくろむ軍部の野望を封じてワイマール共和制を軌道に乗せた。同じワイマール憲法下の緊急避難が、使い方次第で特効薬にも毒薬にもなる実例といえる。そうであるならば、その毒薬となった一例のみを根拠として中野の主張を議会政治の否定、独裁体制の肯定ときめつけることはできない。中野がシュトレーゼマンになるか、ヒトラーになるかはなお未定というべきであろう。

文脈は異なるが、昭和七年夏、『文藝春秋』の座談会で、中野は議会政治について、「国民政治の徹底は議会がいい」と断言している。[12] さらにまた別の機会になされた述懐によれば、満洲事変の直後に企てられた民政党・政友会の「協力内閣」は、イギリスの挙国一致内閣を念頭においてのことであった。[13] そういったことを考えあわせると、『国家改造計画綱領』をナチスへの信仰告白とみなすことはやはり無理で、「原則として民主主義の原理を否定するものではない[14]」とする中野の主張の方に、むしろ説得力があるように思われる。

『国家改造計画綱領』がそれまでの中野の政治経歴と断絶するものでないことは、その主要な項目である経済統制の強化について見ても明白である。端的にいえば、それはこの時初めて持ち出されてきたものではなく、既に民政党の「政綱」に盛りこまれていて、民政党結党以来の基本方針とされている。そしてその起草委員の一人であった中野によれば、「あれは――まあ内輪の話ですが、主として私が書いたんです[15]」ということであった。「国家の整調に由りて生産を旺盛にし分配を公正にし社会不安の禍根を芟除《さんじょ》すべし」とする民政党政綱第二項は、明らかに『国家改造計画綱領』の主張する「国家統制経済」の先駆けをなしている。昭和三年二月、中野は党機関誌『民政』に一文を寄せて政綱第二項を敷衍し、それによって示されている党の基本的立場を改めて「国家整調主義」と呼んだ[16]。そしてほどなく民政党内閣が成立し、金解禁とデフレ政策が実施されると、彼はこの経済統制をそれと一対の政策と位置づけ、一段と積極的に推奨している。これまでのようなインフレとデフレのくりかえしではなく、デフレ政策による経済合理化を完成させるものは、「国家整調主義」でなければならない。それが、これ以後一貫して変わることのない彼の主張であった。しかもこのことは、単に抽象的に主張されただけでなく、一つの政策として具体的に形成されてもいる。彼は、浜口内閣の逓信政務次官に就任すると、「逓信省を総動員」して「電話民営案」を作成した[17]。簡単にいえば、それは政府直営の電話事業を、「官民合同の会社」を新設して再編成し、電話普及の促進をはかる。それを一年ごとの国家予算の拘束から解放し、一〇年単位の事業として推進すれば、「拡張行程はほぼ二倍の速力を以て進む」。そしてさらにそこには計り知れない経済的波及効果が生ずる。つまり、官民合同の信用確実な大会社によって「毎年数千万の拡張費を支出」すれば、新たな需要が生じ、雇傭は増加し、購買力の強化、消費の拡大となって経済全体に波及する。デフレ政策によって引きしめられた経済は、かくして再始動のきっかけを与えられ、新電話事業は、「財界恢復の春に魁《さきがけ》する次第となるのである」[18]。中野の「電話民営案」は、明らかに民政党の「国家整調主義」の実践であり、企業の民営を前提とする「国家統制経済」として『国家改造計画綱領』の中に引きつがれていく。いいかえれば、『国家改造計画綱領』は、中野が民政党のもとではぐくみ発展させた理念と経験をふまえて成立し、両者の関係は切れ目なく連続していて、そこに断絶は認められない。

しかし、そうであるならば、中野はなぜ民政党を脱退し、既成政党との絶縁を表明しなければならなかったのであろうか。中野自身の説明によれば、それはひとえに民政党が変質し、結党時の精神を喪失してしまったことに由来する。その結果民政党は、世界恐慌下の混迷が深まる中で、確たる基本施策と決断と実行が最も必要とされる時にそれを示すことができなかった。「今日政党者流が天下の信頼を失墜したのは、……彼等が現存経済機構の行き詰りより生ぜる今日の世相に対して、何事をもなし得ざるに存して居る[19]」と、中野は述べている。そして、その最もわかりやすい事例をあげるとすれば、それは他でもない右に見た「電話民営案」の結末であろう。昭和五年一二月、「電話民営案」は結局閣議の承認をえられず先送りされ、中野は責任を負って政務次官辞任を余儀なくされた。不承認の理由は、同案の内容に問題があったというのではなく、浜口総裁遭難後首相代理を務める幣原喜重郎が、「未だ総裁の決裁を得て居ない事項は、決定を見合せたい」と主張したためとされる。[20] 何事によらず単独で責任を負うことを極力避けようとする官僚の通弊であり、そういった官僚主義は中野が最も忌み嫌うところでもあった。「畢竟《ひっきょう》内閣の方針が総裁の御遭難後一切事勿《なか》れ主義に堕し」「現内閣に中心なし」、幣原首相代理ではとうてい難局打開はおぼつかぬと、この直後浜口にあてた書簡によって、中野はそう直言している。[21] 変質した民政党は、彼の志の障害と化した。

そのような中野の憂慮と憤りにもかかわらず、民政党の求心力は浜口の死去によってさらに急速に衰えていく。今日広く知られているように、浜口の跡を引きついで首相となった若槻礼二郎は、およそ政治的指導力と呼びうる能力を持ちあわせていなかった。このことは、浜口の死と踵《きびす》を接して勃発した満洲事変によって、有無をいわせずあばかれる。事変の鍵となった朝鮮軍の独断越境について、若槻首相は、「スデニ出動セル以上致シ方ナキニアラズヤ」と述べて不問に付した。[22] ほぼ四年前、台銀救済特別融資の勅令案が枢密院によって不当につぶされた時、席上ついに一言の抗弁もなしえなかった若槻は、この場合もまた同様に、あえて強者に抗《あらが》おうとはしなかった。そして、中野の民政党脱退は、結局そういった官僚主義によって決定づけられたのである。具体的にいえば、この若槻の優柔不断は、事変収拾の段階でもう一度くりかえされる。彼は、軍部をおさえるために、「民政党だけの内閣でなく、各政党の連合内閣[23]」が必要であると発意し、政友会もこれに積極的に応じたことから、政・民連合の「協力内閣」が、現実味のある新たな政権構想として急浮上した。中野もまた内相安達謙蔵と結んで、その実現に向けて積極的にこれに関与する。ところが、井上蔵相、幣原外相が連立の条件となる政策転換を拒絶して激しく反発すると、若槻はなす術《すべ》もなく前言を翻して豹変した。[24]「協力内閣」構想は挫折し、若槻内閣は総辞職し、中野が安達と共に民政党を脱退したのはその二日後のことである。たしかに「協力内閣」運動の担い手は一様ではなく、追求された目的も複雑に錯綜していた。しかしそれでもなおそこには、政党が事変収拾の主導権をとり政治の中心であり続けるための、おそらく最後の機会がふくまれていた。「外交はあの切迫、少壮軍人間には不穏の空気、東北数県の細民は飢えに泣き、銀行はとめられ……かくの如き際に安達氏が決心したことは、英国でもやった如く、同一の道を進まんとしたのである」と、中野は自らの意図についてそのように説明している。[25]

中野のとった行動についてその理由を改めていいなおせば、それは、要するに民政党が民意から乖離し、そのために総合的な政治指導力を喪失したからであった。「国家意思の確立には、国民の主張、国民の希望、その怒り、其の悩み、其の悲しみを統合せねばならぬ[26]」というのが、終生変わらぬ彼の政治信条であり、その「国家」と「国民」の間に介在して民意を統合し、「国家意思」に反映させるものが政党に他ならない。民政党はその政党としての機能を麻痺させ、存在意義を失ったということになる。次章で詳述するとおり、中野が民政党の前に所属していた革新倶楽部を去り、犬養毅と訣別したのも、やはり同じ理由であった。このことは、明治の末から大正期を通じて、彼が政党政治、議会政治をひたすら追求し続けた証《あかし》ともいえる。民意にもとづく「国家意思」を確立するためには、政党なかんずく民党が議会を舞台として政治の主体とならねばならない。この目的を追い続ける激しさと誠実さにおいて、彼は、民党の象徴的指導者犬養をもしのいだ。その中野が、変質した民政党を捨て去ったのは至極当然であろう。その際表明された既成政党の否定についても、それは政党政治そのものの否定ではない。民政党脱退後、国民同盟であれ東方会であれ彼が率いた政治結社は、要するに復活された民党なのであり、それを新たな活動のよりどころとすることで、彼は政党政治の原点に立ち帰ろうとしたのである。

そして、この昭和五年から七年に至る約三年は、他ならぬナチスのまさに劇的な台頭期であった。昭和五年秋のドイツ国会選挙に際して、わずか一二議席のこの小政党が一躍一〇七議席を獲得して国会第二党に進出したというニュースは、中野にとって少なからず刺激的であったに違いない。しかもそのナチスは、新たな大衆運動によってこの躍進を果したとなれば、なおさらのことである。それは、混迷せるドイツ政界において、民意を統合して新たな国家意思を確立しようとする「民党」であった。改めて政党の原点に立ち帰り、民党の復活をはかろうとする中野が、ナチスをその恰好のモデルとみなしたことは、十分に理解できる。政権獲得前、この時期のナチスのたどった道筋は決して平坦ではなく、起伏の激しいきわどさに満ちているが、そうであればこそ、民衆を率いて現状打破を目指すこのドイツの「民党」とその党首ヒトラーは、なおさら中野を魅了せずにはおかなかった。かくして中野のナチス観は基本的にこの時期に形成され、ナチス政権成立後も、そして第二次大戦勃発後も変わってはいない。彼の眼に映ずるヒトラーは、最後まで、常に国民の中に深く根ざした民意の体現者であり、国民に支持された指導者であり続けた。その華々しい活躍と成功に強い憧憬の念をいだきながら、中野は自らもまた「日本のヒットラー」たらんとしたのである。

二　ベルサイユ体制批判

昭和六年という年は、内政のみならず外政についても、中野の言動の変化が強く印象づけられる節目のような年であった。既に前節で見たとおり、この年の九月に勃発した満洲事変は、中野の民政党脱退の直接の契機を生んだ。そしてそれと軌を一にして、彼の対外政策に関する言動もまた、表面上大きく変わるかに見える。今日ではいわゆる「十五年戦争」の出発点として侵略戦争の烙印をおされている満洲事変を、中野は何のためらいもなく全面的に肯定し積極的に支持した。しかもそれは、あのあからさまなナチスへの傾倒と併行し、さらに数年後には、ナチス・ドイツとの防共協定、軍事同盟と結びつけられ、一つながりのものとして語られることになる。中野の対外的基本姿勢が、昭和六年を境にナチスに与《くみ》して対外侵略路線へと変質するかに見られることは、その限りで必ずしも故なしとはしない。しかし、ちょうど内政に関する彼の言動の変化について既に確認されたことが、対象を外政に変えたこの場合にも、そのまま同じようにあてはまる。すなわち、彼の民政党脱退がナチス独裁の追随ではなかったのと同様、彼の満洲事変肯定もナチスに同調する対外政策の方向転換ではなかった。表面的な印象とは裏腹に、実はそれは従来の言動と連続していて、そこに断絶は見出されない。このことについては、後に第四章で改めて詳述することになるが、その結論を先取りしていえば、中野の対支政策論は、ついに一度たりとも中国侵略を肯定したことはなかった。総じて彼の中国に対する基本姿勢は、満洲事変をもふくめて、ナチスないしヒトラーの対外姿勢とは質を異にしている。だとすれば、しかし、一体中野はナチスの対外政策の何に共感し、いかなる意図からそれとの提携を熱心に推奨したのであろうか。内政の場合に確認されたことが、ここでもう一度参考になる。中野のヒトラーとナチスに対する共感は、彼がいだいた民党復活の意図の反映であった。内政の次元でナチスにドイツの「民党」を見たように、外政の次元で彼はナチスに対して自らの何を投げかけたのであろうか。そこに彼が見たものを知るためには、われわれはまず彼の対外的基本姿勢を確認することから始めなければならない。

あまたある中野の著述の中で、右の点に関して最も興味深い示唆を与えると思われるものは、おそらく大正一〇年に刊行された『満鮮の鏡に映して』であろう。前年一〇月から約二ヵ月間大陸を視察した彼は、国民新聞に連載されたこの旅行記によって、わが国の大陸経営の現状を官民を問わず痛烈に批判した。「満鮮には窶《やつ》れ果てたる大和民族の影が映って居る」。しかもそのはなはだしい窶れは、「肉体の窶れよりは、精神の窶れである」と。[27] すなわち、彼のいう「精神の窶れ」とは、そこで圧倒的な趨勢となっている事大主義のことであり、この無理想ないし無思想が払拭されぬ限り、日本の大陸進出に未来はない。そして、そのような現状を打破するためには、「人間其者を最終目的とする大自我」を確立して事大主義を排除する以外にないというのが彼の主張であった。[28] ちなみに、彼はその「大自我」を「大個人主義」といいかえてもいるが、そうするとさらに誤解の生ずる恐れがあるので、要するにそれは「俯仰《ふぎょう》天地に塊《は》ぢざる男一疋《おとこいっぴき》になれ」ということだと、明快この上ない註釈をていねいにつけ加えている。[29] いずれにしても、その際日本の大陸進出そのものについては積極的に肯定されるということが大前提とされているのだが、ただその上でそれが正当化されるについては、進出する側に、特定の民族を超えた普遍的な正義の理念が確立されていなければならない。中野の基本的な立場は、おおよそそういうことであった。そしてこのことは、これ以前も以後も、様々な表現をとりながら、彼の言動の根底を常に変わることなく貫流している。あるいはこうもいえよう。彼は、いかなる時期のいかなる文脈においてであれ、日本の対外進出と他民族支配を日本人の人種的優秀さを理由として正当化したことは、生涯を通じてただの一度もなかった。

このことから容易に察せられるように、中野は中国に対して基本的には常に好意的であった。昭和六年以前明治の末にまでさかのぼって、彼は終始一貫中国の領土保全を擁護し、分裂をしりぞけ統一を支援している。例えば、論壇の大御所徳富蘇峰をむこうにまわして辛亥革命擁護の論陣を張ったのが、朝日新聞入社からわずか二年後、弱冠二五歳の時のこと[30]。さらにその四年後には、対華二一ヵ条に関して、「善隣の支那に向ひて濫用すべきに非ざる」恫喝であると非難し、留学先のロンドンから、この「斬取主義外交」「掏摸《すり》外交[31]」攻撃の論稿を矢つぎばやに送り続けている。そして昭和四年、張作霖爆死事件をめぐる彼の政府追及は、それらに比べても一段と劇的で印象深い。衆議院予算委員会を舞台に三日間にわたってくりひろげられたこの論戦で、彼は、中国の分裂を助長しようとする田中積極外交を「時代錯誤の軍閥的考え方[32]」ときめつけ、「支那二元観[33]」にかわる「支那一元観[34]」を主張して根本的な政策転換をせまった。

しかし、中野の中国に対する基本姿勢には、もう一つの側面がある。彼は、右に見た言動と併行して、中国の主権下にある大陸に日本が進出することを積極的に肯定した。昭和四年に張作霖爆死事件をめぐって政府を追及した際にも、彼ははっきりと満洲が中国の主権下にあることを認めながら[35]、他方そこにおけるわが国の「特殊権益」は「全く確定した自主的性質のもの」であると述べている。[36] 彼のこの考え方は、この時期に限らず、対華二一ヵ条に反対した時も、辛亥革命を支持した時も変わってはいない。あの時もこの時も、彼はこの一見矛盾する主張を、ヨーロッパ列強の侵略とアジアの自己防衛という図式によって正当化した。そこでは、日・中ともに「禍福を同じうする[37]」同一の立場に位置づけられ、同時に日本による中国主権の侵害は、やむをえず生じた一つの結果として容認される。そして、その象徴的な事例として、彼は好んで日露戦争を引きあいに出す。つまり、ロシアの際限のない領土的野心を放置すれば中国の分割は必至であり、中国が保全されたのは日本が積極的にこれと戦ったからに他ならない。日本がロシアから奪取した満洲の特殊権益は、従って、この戦いの代償であると同時に、中国保全の保証でもあった。それは、「幾分同地方に於ける支那の主権を侵すありとするも……我は実に支那の全領土保全を目的とするが故に、満蒙に割拠するもの[38]」と、大正三年、彼はそう記している。

つまりは、それが中野の満洲事変理解の前提であった。満洲事変は、そのように正当な日本の既得権に対する中国の不当な攻撃によってもたらされた。昭和六年九月一八日柳条湖付近の満鉄線爆破は、その意味で許しがたい中国の実力行使であり、それに対する関東軍の反撃と満洲全土占領は自衛のための当然の措置ということになる。中野はそのように理解しかつ信じた。しかも彼の見るところ、そのように理不尽な中国の攻撃が開始されたのは、これより十数年前にさかのぼる。大正八年一月二八日、第一次大戦後のパリ講和会議において、中国使節は膠州湾問題のみならず日露戦争にまでさかのぼって「利権回収」を主張し、日本を激しく非難した。[39]この時、『東方時論』特派員として自ら取材にあたった中野は、中国使節王正廷、顧維鈞がアメリカの大学を卒業し、アメリカ外務当局と親密であること、[40]日本告発の舞台となった五大国会議に彼らを招致したのが米・英の意向であったこと、そして何よりもその際攻撃の対象が日本に限定されたことから、この一連の経過を米・英によって仕組まれた筋書きとみなした。「支那は何故に時期を明治三十年以後に限り、単に日本が獲得せし利権のみ狙わんとするか。若し一般に利権回収を欲せば、何故に彼の香港を指さざる」[41]と、彼は激しい調子で中国使節を批判している。中野の理解にそってさらにいえば、中国の日本に対する攻撃は、この時からその性質を変えた。第一次大戦の戦後処理は、結局一方的な米・英の利害にもとづく新たな世界秩序をもたらし、中国における日本の既得権排除はその過程で追求された一つの戦略であった。「対支外交」は「対列強外交」であるという認識を中野は既に第一次大戦以前から持っていたが、その用語法に従えば、「対列強外交」そのものの性質が大きく変わったともいえよう。そしてその結果、当の中国もまたこの新世界秩序、ベルサイユ体制に組み込まれ、その行動は基本的に米・英の影響下におかれることとなる。中野の眼に映じた昭和六年九月の事件は、この延長線上に生じた一つの結末であり、大正八年一月の場合と同様その背後には必ずや米・英の使嗾《しそう》があるものと思われた。

ここでの問題の核心は、しかしながら、中野の満洲事変観そのものではなく、あくまでもその前提となっているベルサイユ体制批判である。中野がベルサイユ条約によって生み出されたこの新世界秩序をいかなる意味で米・英本位の不公正なものとみなし、かつ否定しようとしたか、その詳細についでは後にゆずるとして、彼は十数年来あくことなくそのように主張し続けてここに至った。例えば、民政党「政綱」に掲げられた「人種平等資源公開の原則」「国際正義」の貫徹は、その最も率直な表現であり、さらにそれは、国民同盟綱領の中に「国際正義の保障[42]」として、あるいは東方会の謳う国際的「資源の開拓[43]」の促進として切れ目なく引きつがれている。すなわち、ベルサイユ体制批判は、中野の満洲事変観の重要な要素ではあるが、それは昭和六年九月に初めて生み出されたのではない。それは、パリ講和会議以来、彼が外政に関する主張の根底に常に据え続けはぐくんできた主要な課題であった。そこには既に十数年来の蓄積があって、満洲事変は逆にその中に包摂されたというべきであろう。そしてまさにこの点に、中野は改めてナチスへの共感を見出した。つまり、ナチスの対外政策の根幹もまた、「ベルサイユ屈辱条約の破棄[44]」にある。「あなたの運動はベルサイユ会議より始まるとあなたのお書きになったマインカンプに書いてある[45]」と、彼はヒトラーとの会見の冒頭何よりも先にこのことを確認している。くりかえすまでもなく、事ベルサイユ体制に関する限り中野は何もヒトラーに教えてもらう必要はない。そうではなくて、ちょうど彼は、自ら復活を企てた「民党」をナチスの中に見たように、彼自身ずっとそうであったベルサイユ体制の否定者の姿をヒトラーの中に見出したのである。

要するに、中野の満洲事変肯定は侵略戦争の肯定ではなく、ベルサイユ体制批判の再確認にすぎない。彼のナチスへの傾倒も、この点での一致ないし共感の表れであった。しかし、満洲事変についてはそうであるとしても、その後に続く支那事変についてはどうであろうか。中野がナチス・ドイツとの軍事同盟を熱心に推奨したのは、むしろ昭和一二年以降のこの時期においてである。それでもなお、彼はナチスとの提携によって侵略戦争を推進しようとしたわけではないといえるのだろうか。

ここで、当然生ずるであろうそのような疑問に、とりあえず一応の答えを示しておかねばならない。その際、まず何よりもはっきりさせておかなければならぬことは、支那事変に対する中野の態度が満洲事変の場合とはまったく異なるという事実である。彼の見るところ、支那事変は、中国に対する日本の不当な圧迫によって引き起こされたのであり、非は日本にあってその逆ではない。つまり、彼は、支那事変を否定した。「今回の支那事変を通観し、その由来する所を尋ぬれば、政治外交の一大失敗は争はれぬところである」(46)と、事変勃発から数ヵ月後彼はそのように述べ、さらに、「行当りばつたりで以て戦争を始めておいて、さうして勝たうとする」(47)と難じてもいる。彼は、「暴《ぼう》支膺懲《しようちよう》といふやうな馬鹿なこと」(48)は、一度もいおうとはしなかった。それは、どうとりつくろってみても、あってはならぬ「隣邦の侵略」なのである。

そのような判断にもとづけば、中野の支那事変に臨む対応がひたすらその速やかな終結の模索であったとしても何の不思議もない。この問題に対する彼の関心は、いかにすればこの侵略戦争をやめさせられるかという一点に集中していて、その言動には満洲事変に対するような手ばなしの賞讃は見られず、常に重苦しい苦渋がにじんでいる。そして、まさにこの一種の「反戦」に向けられた一つの戦略として、彼はナチス・ドイツとの提携強化を従来にもまして熱心に推奨した。換言すれば、この侵略戦争を闇雲に始めた「一大失敗」は、「統轄的政治の根本指導」が欠けていたために起きたのであり、従って、戦争終結の鍵はその欠けている条件を満たす以外にない。つまり戦争終結という外政問題が内政問題として解決されなければならないということを、中野は他の誰よりもよく承知していた。が、それと同時に彼は、既にこの条件を満たしているドイツと結ぶという外政上の措置によって日本もまた少なくとも一定の方向性を持ちうると判断したように思われる。あるいは、具体的にこういいかえてもよい。片や戦時下であるにもかかわらず近衛内閣の閣議は「何時《いつ》もお通夜の晩に髣髴《ほうふつ》たるもの(49)」に終始し、まさに「日本の政治は喪心状態の儘《まま》、時局に引摺られて居る(50)」。それにひきかえ政権掌握後のヒトラーは、ベルサイユ条約を破棄し、再軍備を強行して非武装地帯ラインラントに進駐し、さらにはオーストリア併合にも成功する。そのように華々しくベルサイユ体制を打破しつつあるナチス・ドイツとの同盟関係を強化すれば、日本の進路もまたそれによって規定されることは理の当然と思われた。中野は、かくして日本がベルサイユ体制否定に踏みきり、さらにそのことから支那事変終結が不可避となることを期待したのである。

あえて正確を期してくりかえせば、彼にとってベルサイユ体制を否定するということは、あくまでも言葉の本来の意味で「国際正義」の貫徹であり、人種平等、資源公開の実現を意味する。米・英本位ではなく真に公正な世界秩序を構築するというこの遠大な目的に日本もまた邁進するとなれば、この大義に照らして、また力の配分効率に準拠して、中国侵略は必然的に終わらざるをえない。「日本と独逸との前には大いなる目的がある……この日支戦争に於て日本が国力を消耗することなくしてより強き日本として戦後の舞台に現はれんことを切望する」というヒトラーの言を彼が帰国後特に強調しくりかえしたのはそれ故であった。[51] ただ、やがて彼の主張が満たされた時、果たしてその後の事態の推移が彼の期待にそうものであったか否か。おそらく中野は、外交関係が内政をも規定するということに、少々過大な期待をよせすぎたのではなかろうか。

三　カイゼル・ドイツの轍《わだち》

一説によれば、東方会がナチスから受けた影響は、「イデオロギー面よりもむしろ活動形態に最も強くあらわれた」といわれる[52]。東方会もナチスも大衆運動であったと理解するならば、たしかに東方会には「イデオロギー面で」一定の独自性があり、その限りでナチスの影響から自由であった。中野が、「広く天下民衆と握手して現状打破」すべしと語ったのは[53]、これよりずっと以前、大正一一年革新倶楽部設立宣言においてであり、およそ民衆に働きかけ、民衆を率いて秩序の変更をせまるという大衆運動の理念についていえば、さらにさかのぼって中野の政治経歴と共に古い。つまり、東方会がナチスの影響を活動形態の面で受けたとすれば、それはむしろこの「イデオロギー面」での独自性を前提として、ナチスの活動形態を主体的に採用した結果であるといえる。改めていうまでもなく、このナチス・スタイルは東方会をきわだたせ、民政党脱退以後の中野の行動を著しく特徴づけてもいる。しかし、それが右の意味で活動形態に関する主体的な選択の結果であったとすれば、問題は、一体なぜそのような選択がなされたのか、その選択の意味を問うことでなければならない。

既に述べたように、中野のナチス・スタイル導入は、きわめてあからさまであった。党旗、党章やユニフォームがナチスのそれをモデルとしていたことは明白であるが、宣伝活動や組織のスタイルについても同様のことがいえる。この時期の中野は以前にもまして地方遊説を熱心に行い、頻繁に集会を開いているが、特に昭和一六年五月に開催された国民有志大会は、明らかにナチス党大会の模倣であった。また、昭和八年遁友同志会統令に就任したことも、昭和一四年社会大衆党との合同をはかったことも、「労働者党」（Arbeiterpartei）としてのナチスの組織を念頭においてのことと思われる。しかも、このナチス風の装いで展開された東方会の活動は、大衆運動として少なからぬ成功をおさめた。例えば、東方会の宣伝活動、特に演説会は、「諸政党が政治資金に不足して、演説会に聴衆をあつめることができなくなっているとき」[54]、独り各地で聴衆動員力を上昇させ続け、ことに象徴的ともいうべき昭和十六年の国民有志大会では、一〇万人を超える聴衆が会場に満ちあふれたという[55]。組織の面についても、逓友同志会や社会大衆党に関する試みこそ失敗に終わったが、労働運動、農民運動から東方会への人員流入はこれ以後も盛んに見られ、党員の増加と組織的充実をもたらした[56]。「東方会は憚《はばか》りながら国民運動の指導権を把握してゐる」[57]と、中野自身誇らし気に語っている。そしてこの成功は、新活動形態の選択と無関係とは思われない。おそらく東方会のめざましい発展は、少なくとも部分的には、ナチス・スタイルの効果によってもたらされた。つまり、中野がナチスの活動形態を積極的に採用した理由の一端は、この活動形態の効果によせる彼の期待にあったのではなかろうか。

しかし、より端的にいえば、中野がかくもナチスにこだわった決定的な理由は、一種の類似性の発見であった。しかもそれは、これまでの説明から容易にわかるような、ただ単に同じ大衆運動としての共鳴、あるいはその指導者としての共感といった類のことに留まらない。それはむしろ、民衆を率いて攻撃し倒さねばならぬ敵対者の側の類似性であり、あるいは類似の敵に対峙する者の攻撃者としての親近感ともいえる。例えば、中野は広田内閣を誹謗して「パーペン内閣[58]」と称した。その意味するところは、それらのいずれもが「上からぶらさがった」超然内閣であり、まさにそれ故に首尾一貫した政策遂行能力を持たず、政治指導力に欠けているということであった。日本もドイツも、山積する内外の難問を解決して苦境を脱するためには、何よりもまずそのような超然内閣を打倒しなければならない。そして、ヒトラーがナチスを率いていち早くこの課題を達成したという事実は、やがてその内政外交に示されるあざやかな指導力とはまた別に、ナチスの活動形態の有効性を中野に確信させずにはおかなかった。広田内閣に限らず総じてこの時期の超然内閣を「パーペン内閣」と称し「シュライヒャー内閣」と呼ぶ時、中野は、ドイツにおいて既に類似の敵が倒されたその同じ武器によって自らの敵をも倒すことを宣言したのである。

中野が注目した日・独超然内閣の類似性は、しかしながら、日本の政治情勢の変化により急速にその意味を失う。ことに支那事変そしてさらに太平洋戦争の下で、権力の集中と統制の強化をともなう戦時体制は、ワイマール共和国末期との比較を無意味にした。日本の超然内閣は「パーペン内閣」ではなくなり、それとは異なる別の様相を呈するに至る。具体的にいえば、それは大政翼賛会を結成した近衛内閣であり、翼賛選挙を強行した東條内閣であったが、最終的には軍事独裁へと発展するこの状況を、中野は第一次大戦下のドイツ帝国に酷似するものとみなした。彼の目からすれば、日本の政治情勢は、ワイマール共和国末期から逆にドイツ帝国末期へとドイツの歩んだ道筋をあともどりし、あたかも時の流れに逆行するかに見えた。そして、ドイツ帝国が第一次大戦の難局を打開しえなかったという単純な事実に照らしてみても、末期ドイツ帝国、「カイゼル・ドイツ」との類似は、その含意の深刻さにおいて「パーペン内閣」との類似の比ではなかった。この新しい類似性の認識によって、中野は改めてナチスにこだわらざるをえない。つまり、ナチスはワイマール共和国のみならずドイツ帝国をも超克した存在であり、破滅に通ずる「カイゼル・ドイツ」の轍《わだち》から日本を離脱させようとすれば、この超克者の手法は、従来にもまして重大な意味を持つことになる。

具体的な例をあげれば、昭和一七年、中野は様々な機会をとらえて、「勝つ国の形相」ということをくりかえし語った。物資の増産と補給の充実が戦局を左右する条件であり、それが国民に支持されて満たされる有様を彼はそう呼んだのであるが、それはことさらに裏返しに語られた日本の形相であり、つまり、このままでは日本は勝てぬというに等しい[59]。また、この年の春に発行されたパンフレット『戦争に勝つ政治』の中でも、同様の趣旨で、非常時克服の要諦は民意の抑圧ではなく、「民意の暢展《ちようてん》」でなければならないと強調している[60]。いずれの場合もそこで中心に据えられているのは、要するに官僚主導の統制に対する批判なのであるが、その意味で同年一〇月一〇日神田共立講堂における長期戦完遂演説会での中野の演説は、ひときわ注目に価する。当日の弁士の一人は他ならぬ経済統制の元締め岸信介商工相であり、中野は岸の演説をただちに批判の俎上にのせ、その「精神論」を完膚なきまでに批判しつくした。いいかえれば、商工相たる者が「物に対する経論」を語りえず、ひたすら「精神論」にすりかえようとする岸の詭弁を論破することで、中野は官僚の経済統制が破綻していることを論証し、当局者の責任を鋭く追及した[61]。そしてその上で、彼は挫折した官僚統制の悪しき前例を第一次大戦下のドイツ帝国に求め、その害悪こそドイツ帝国滅亡の一因であると指摘している[62]。

中野が戦時下の日本の政治状況を第一次大戦下のドイツ帝国に引き比べて判断していたことは、右の事例の他にもこの時期の様々な彼の発言の中にくりかえし示されている。例えば昭和一八年元旦、『朝日新聞』に掲載された「戦時宰相論」は、その中でも特に興味深い。一見して必ずしも反政府的とは読めぬこの論説は、政府を激励するとさえ思われる口吻をよそおいながら、他ならぬドイツ帝国滅亡の原因を語ることで、実は政府弾劾の檄文を構成していた。先述した岸商工相批判とは違って、この論説の特徴は、それが日本の現下の状況に関して批判はもとより何らの認識も述べようとしない点にあった。そして、この意図的な沈黙を背景として、まず、「戦時宰相たる第一の資格は絶対に強きことにある[63]」という至極当然の原則が歯切れよく語られる。中野のレトリックの巧妙さは、いくつかの事例によって裏づけを与えながら、このどこからも文句のつけようのない原則に特定の意味を持たせてしまうところにあった。彼がもう一度、「非常時宰相は絶対に強きを要する[64]」とくりかえす時、その「強さ」は指導者が国民の中に深く根ざしてこそ得られるものと規定されることとなる。その上で、中野は急転直下、ドイツ帝国亡国の原因をこの原則からの逸脱と断じた。すなわち、カイゼルを始めとしてヒンデンブルクもルーデンドルフも、ドイツ帝国の権力者たちはいずれも「国民を信頼せずして、之を拘束せんとした」のである。国民の中に根ざすことのできぬ彼らは、非常時克服に要する強さを持ちえず、いたずらに強権を行使して「屈従的労務」を国民に強《し》い「自主的愛国心を蹂躙し」、ついに怨嗟と頽廃をまねいて国を亡ぼすに至った。[65]中野が蘊蓄を傾けてドイツ帝国の末路をそのように解き明かすのを読むと、逆に何も語られなかった日本の現状が、むしろその沈黙故に、亡びゆく「カイゼル・ドイツ」と二重写しになって、いやおうなくその姿を浮かびあがらせてくる。換言すれば、中野は、ヒンデンブルク、ルーデンドルフの軍事独裁がいかんともなしえなかった宿痾を死に至る病と診断することで、東條独裁体制の病根を剔出して見せたといえよう。

　これまでの事例とはやや趣を異にする直接的な行動、例えば昭和一六年大政翼賛会からの脱退、あるいは昭和一七年翼賛選挙に対する反抗等に際しても、中野の判断には、その根底にやはり同じ思考法が働いているように思われる。昭和一六年三月、中野が大政翼賛会常任総務を辞任した理由は、翼賛会が「公事結社」に変質し、「官意民達の補助機関」になりさがったからであり、[66]また翌年の翼賛選挙にあえて非推薦独自候補を擁立して挑戦したのも、この選挙がさらに輪をかけた「官僚国家」の強化に他ならぬからであった。[67]いずれの場合にも中野にとって問題なのは、それらが民意を疎外した権力強化であること、そしてそうである限りそれらは非常時克服策として無効であるということなのである。つまり、大政翼賛会脱退に際しても、翼賛選挙に際しても、中野の行動はその意味で、先述した岸商工相批判や「戦時宰相論」と軌を一にする主張によって裏づけられている。時間的には相前後するが、中野が岸を論難した際に力説した官僚統制の破綻とその悪しき前例としての「カイゼル・ドイツ」は、中野の直接的な反政府行動に際しても同様にそれを正当化する根拠としてしきりに強調された(68)。また「戦時宰相論」とのかかわりでいえば、あのドイツ帝国亡国論のレトリックは、逆に大政翼賛会や翼賛選挙に対する中野の果敢な攻撃に裏うちされたればこそ、政府弾劾の檄文たりえたのである。

いずれにしても、この時期の中野が日本の現状を第一次大戦下のドイツ帝国に引き比べて判断していたことは、このような彼の言動から明らかであろう。そして、その日本は、まちがいなく「カイゼル・ドイツ」の轍を踏んでいるとみなすところに、中野の危機感があった。その意味で、東方会を率いて奮闘する中野の活動は、日本の針路を転換させ、この轍からの離脱をはかることに主眼をおいていたといえる。そのような中野にとって、ヒトラーとナチスが「カイゼル・ドイツ」の超克者として改めて斬新な意味を持ったことは、きわめて当然であった。つまり、中野が自らの目的を追求する上で、ナチスの活動形態を有効な手段として評価し、東方会のモデルとしてこだわり続けたことに不思議はない。日本を破局から救おうとすれば、中野自身絶対に強くならねばならず、自ら「ヒトラー」になる以外に術はなかったのである。

四　クレマンソー、チャーチル、そしてヒトラー

かつてドイツ帝国がたどった末路を、日本帝国もまたひたすらたどりつつある。そのような滅亡の軌跡から日本の針路をそらそうとする中野は、カイゼル・ドイツの否定者としてナチス・ドイツを位置づけ、自らナチスに近似の立場をとることで日本の現状に対処しようとした。その際、既にふれたナチス・ドイツの外交戦略の成功や、あるいは六〇〇万失業者の解消というような内政上の事績が一定の意味を持ったことは疑いえない(69)。ヒトラーを新たな政治指導力の体現者とみなし、ドイツの過去の全面的な超克者に見たてようとする中野の見解は、たしかに一面でそのような事実にもとづいていた。しかし、同時にまたそれは、彼が渡欧の船中で精読したというヒトラーの『我が闘争』（〝Mein Kampf《マインカンプ》〟）に強く影響され、少なくとも部分的にはその無批判な受容にもとづいていたともいえる。一体に好悪の感情が激しく、いったん気に入ると過度の信頼を与える癖のある中

野は、この時もそれをくりかえした。例えば、『我が闘争』中に語られている青年ヒトラーの苦労話に感銘を受けた彼は、それを太閤秀吉の逆境克服物語に結びつけ、「当代の秀吉とも謂はるべき独逸のヒットラア総統[70]」といったとらえ方をしている。一兵卒から身を起こして同志を糾合し、ついにドイツの根本的建直しに成功せる指導者[71]。「民衆と倶《とも》に衣食し、民衆と倶に苦悩し、民衆と倶に呼吸する」先達[72]。「新興ドイツに於て恐怖の対象に非ずして信頼と魅力との中心[73]」。中野の語るそういったヒトラー像は、それ故、総じて彼が元来いだいていたあるべき指導者像を、いわば鵜のみにした『我が闘争』に重ね合わせて形作られたといってもよい。中野によれば、彼からヒトラーとの会談のもようを聞かされた頭山満は、その感想として、「ヒットラーは西郷だね」と語ったという[74]。頭山が中野の話からそのような印象を受けたのは事実であろうが、それは単に頭山の感想というよりも、中野の語り口それ自体が彼の敬愛する西郷南洲をヒトラーに重ねあわせていたのではなかろうか。いいかえれば、中野があくことなく接近を心がけたヒトラーは、逆に中野のヒトラー像として実在のそれから遊離し、ついには、無欲な「禅僧の如き」指導者[75]、あるいは「一種の個人主義者[76]」として語られるに至るのである。

昭和一七年一一月一〇日、早稲田大学における講演で、中野は後輩の学生たちに『我が闘争』を読むように、できればドイツ語で読むように熱心にすすめている[77]。だが、この講演をふくめて、およそ彼がナチスについて語るとき、その内容はヒトラーの人物論ないし指導者論が圧倒的で、ナチス・イデオロギーについて語られることはきわめて稀であった。例えば、前節で言及した共立講堂での岸商工相批判は、人種論にふれたその稀な一例といえる。その際中野は日本に人種としてのユダヤ人は存在しないとした上で、営利主義即ユダヤ主義とする岸の主張をしりぞけ、ユダヤ人というのは、戦時に便乗して官憲と結託し不当利得をむさぼる類の人間をいうのだときめつけた[78]。ところが中野は、自らのよりどころとした『我が闘争』の中で本来ヒトラーが最も熱心に語っている人種論としての反ユダヤ主義には深入りしようとしていない。それは、ナチズムの中心テーマに関するほとんど無理解に近い一方的解釈といえよう。さらにまた、ナチス独裁体制に関する中野の理解の仕方についてもこれとほぼ同じことがいえる。人種論同様、中野はこの問題を単独でとりあげその是非を論じてはいないが、早稲田での講演の中に興味深い言及が見うけられる。中野によれば、ヒトラー自ら指導者として「指導者に対する反抗の自由を認めてゐる」[79]。すなわち、たまたま愚劣な人物が権力を握って誤れる指導方針を実施し、民族を滅亡に導かんとする場合、民族の成員はすべてこの指導者に反抗する義務を有すると。改めて説明するまでもなく、これを文字どおりに受けとれば、ナチス独裁体制は可変的であり必ずしも絶対的とはいいがたい。それは民意によって変えられ、消滅させられることすら起こりうる。要するに、それがナチス独裁に関する中野の理解であった。いうまでもなく、彼のこの単純な思いこみが無惨なまでに現実離れしていたことは、今日誰しも容易に指摘しうる。ただ、この虚実の乖離に中野が盲目であった理由を考えてみると、それは必ずしも彼の軽々しい誤解にすぎぬとはなしえない。例えば、ナチス政権の成立があくまでも合法的であったこと。あるいはまた、ヒトラーの独裁権を承認する全権賦与法（Ermächigungsgesetz）が、なおナチス以外の諸政党をも構成員とする国会で所定の手続きにより三分の二の支持をえて成立したこと。当時既に多くの人が知りえたはずのそういった事実を思い起こすとき、中野の思いこみもまったく故なしとはいいきれぬように思われる。ともあれ、人種論にせよ独裁論にせよ、共通していえることとは、そこに示されている中野の一方的な思い入れが、イデオロギー自体、体制自体を美化するために語られているのではないということであろう。それらは、むしろヒトラーを焦点に収斂し、ヒトラーを理想化する素材として脇役の機能を果たし、最終的にはヒトラー像を中野好みの指導者像へと昇華させたのである。

中野のヒトラー礼讃を知る者にとって少なからず意外に思われることであるが、彼はヒトラー最大の敵チャーチルをきわめて高く評価している。第二次大戦の勃発を待つまでもなく、中野の英国に対する敵愾心は支那事変このかた並々ならぬものがあった。彼が政権に復帰したチャーチルにいち早く注目したのは、むしろそれ故であろうが、その頻繁な言及に少なからず好意的な表現がくりかえされるのを見ると、やはりそれにもかかわらずといわねばならない。例えば、昭和一八年六月二日母校の中学修猷館において講演した際、中野は中学生にわかりやすい比喩として、「ヒトラーが上杉謙信ならチャーチルは武田信玄」といった表現を用いている。(80) あるいはこれより二年前、

『東大陸』誌上で北海における英・独海戦について語ったときも、一方でドイツの戦艦ビスマルク号の健闘をたたえながら、他方これをあくまで追及し撃沈せしめたチャーチルを、小牧・長久手の合戦における秀吉を引きあいに出して、「チャーチルの意気込みは敵ながら天晴れと言はざるを得ぬ」と絶讃した[81]。さらにまた、少々趣の異なるエピソードとして、彼は姪の中野久枝と永田正義の間に生まれた幼児に、おそらく顔の感じが似ていたのであろうが、わざわざチャーチルというあだ名をつけてかわいがっていたともいわれる[82]。ヒトラーとの戦いに苦戦を強いられていたこの老宰相は、思いがけぬところで意外なシンパに恵まれたともいえよう。中野が「世界旧秩序」の屋台骨を支えるチャーチルに対して、これほどまでに敬意と親愛の情を示した一つの理由は、明らかにチャーチルの文才にあった。とりわけチャーチルの著書『欧洲大戦』が感銘深い大著であることを彼は機会あるごとにくりかえし、たとえチャーチルをおとしめることはあっても、この「大著述」に敬意を払うことは忘れてはいない[83]。卓越した文章家であった中野が、秀れた著述を通じてそれを著した人物の器量をおしはかっていたことはまず間違いのないところであろう。ただ、それにしても、チャーチルは「ヴィクトリヤ時代の闘志を堅持する者[84]」「政治家として戦ふ者[85]」「変に処して動かざる大政治家[86]」「全英国民の信頼であり、希望であり、慰安である[87]」といったほとんど手ばなしの讃美がくりかえされるのを見ると、とうていそれだけのこととは思われない。端的にいって、中野のこの惜しみない賞讃は、政治指導の何たるかを心得ている者への共感と共鳴の率直な表明であった。彼が好んで語るチャーチルは、マレー沖海戦の悲報を議会に報告する姿であれ[88]、ドイツ空軍の爆撃で破壊されたロンドン市街にたたずむ姿であれ[89]、不利な戦局にからくも耐えながらなお国民を率いて戦う闘士以外の何者でもない。ことに、「七十余歳の老首相が、劇務の間数時間でも暇があれば、或は廃墟となれるロンドンの貧民窟に、或は教会に、学校に、車を馳せ、更に沿岸各地の海港まで、その姿を現し、或は避難民に、或は労働者に、或は少年に接しながら、簡潔にして激情的な演説を試み、国民の志気を鼓舞しつづけて居る[90]」姿、そこに中野は、敵味方を超越して、「非常時政治家の強さと頼もしさと、更にその根柢たるべき強烈なる精神力[91]」を見ていたのである。

中野のチャーチル礼讃は、ヒトラー礼讃を相対化する。そして、さらにそれらに先んじて、中野がまったく同じ意味でクレマンソーを礼讃し続けているという事実が加わると、彼のヒトラー礼讃は一段とその絶対性を薄めざるをえない。パリ講和会議の取材に際してクレマンソーの謦咳《けいがい》に接した中野は、その圧倒的な国民的声望とそれを背景とする個性的な言動に強烈な印象を与えられた。ことにクレマンソーが独りフランスの威信を担って米・英に対抗し、ロイド・ジョージ、ウィルソンをむこうにまわしてフランスの主張を貫徹するありさまは、日本の全権団が失態を重ねていただけに、中野の心をとらえずにはおかなかった。「虎のクレマンソウ氏が七十六歳の高齢を以て、励声叱呼する所、是れ真に何等の雄姿ぞや。吾人は大和魂の典型をラテンの老書生に得たるを見て、悲壮痛烈、転《うた》た羨望の感を催さざる能はざるなり」。大正八年、『講和会議を目撃して』の中で、中野はそのように述べている。[92] ちなみに、このときパリで入手したという、クレマンソーが兵士に語りかけている単彩の絵を、中野は終生大切にしていた。昭和一六年二月、東方会青年隊員佐藤守男が中野五五歳の誕生日の記念としてもらったその複製には、「老雄クレマンソウ前線に兵士を慰撫激励するの図　如老師如慈父　追懐巴里会議　感慨無量」と記されている。[93] 講和会議に臨むクレマンソーの毅然たる態度はもとより、さらにさかのぼって確認される第一次大戦後半期の劇的な政権掌握と戦争指導。そして飾らぬ人柄。「絶対に強くなければならぬ[94]」戦時政治指導者の理想像を、中野は既にここに見出していた。前に述べた彼のチャーチルに対する思い入れにしても、その老軀に鞭うつ姿が「前大戦におけるクレマンソウに髣髴《ほうふつ》たるものがある[95]」ところに、そもそもの共感の根があった。また、昭和一七年一一月の早大における講演でも、中野はヒトラーをとりあげるのと同様の熱心さでクレマンソーをとりあげ、特に第一次大戦下の「クレマンソーの陣頭指揮」について情熱を傾けて語っている。[96]

　いずれにせよ、その激しい傾倒にもかかわらず、ヒトラーは中野にとって理想的な指導者の一人にすぎなかった。つまり何が何でもヒトラーというわけではなく、チャーチルでもクレマンソーでも悪かろうはずはない。現に中野は近衛内閣の優柔不断をなじって、「ヒトラー、ならば、チャーチルならば[97]」といい、また広田内閣のていたらくにいらだって、「クレマンソオの希望を負ふ者もなくヒットラアの組織を有する者もない」と語っている。[98] ヒトラーはチャーチル、クレマンソーと同次元、同水準に位置づけられているとみなされるべきであろう。そしてこのことは、逆にナチス・ドイツの敗色濃厚となる中で、中野がヒトラーに対する評価を変えようとしなかった理由でもあった。カイゼル・ドイツとは違って新たな強力な政治指導力に恵まれているはずのナチス・ドイツが、スターリングラードで致命的な敗北を喫したことは、中野にとっても衝撃をもたらした。昭和一八年『東大陸』四月号「時論」で彼はこれをとりあげ、事態の重大さを認めている。[99] しかしそれでもなお、彼がドイツの勝利に希望をつなぐよりどころは、ひとえにヒトラーが「自己の誤算を告白し、其の責を一身に引受けながら、捲土重来の意気込を表明した」ことにあった。[100] つまり、「独逸の指導者はスターリングラードの悲劇と損失とを、何等歪曲することなく率直に国民に向って告白」したこと、そこに彼はドイツとドイツの指導者の自信と底力を見るというわけである。[101] いいかえれば、そういった挫折はチャーチルもクレマンソーも体験したところであり、問題は個々の戦局の帰趨そのものよりも、それへの対応であった。そして中野の見る限り、ヒトラーの示した姿勢には彼らに劣らぬ秀抜な政治指導者にふさわしいものがあった。そうであれば、たとえチャーチルやクレマンソーが負けたとしても彼らの値打ちに変わりがないように、ヒトラーに関する評価に変更の余地はないことになる。

むすび

中野のナチスへの傾倒は、その表面に現れた激しさとは裏腹に、きわめて限定された意味を持つにすぎない。内政、外交を問わず中野の主張する基本政策はおおむねナチス以前に独自の淵源から発せられ、ナチス以後も一貫性を維持している。民衆に働きかけ民衆を率いて既存の秩序の変更をせまろうとする政治姿勢にしても中野は特にナチスから学ぶ必要はなかったとし、「窮乏せる社会に虐げられてゐる民衆を救ひ出し国民らしい生活をさせやう」(102)という民衆志向は、逆にヒトラーには見出せないものであった。現状打破あるいは革新といった基本的な活動方針に至っては、そもそもの最初から中野の政治活動にそれが欠けていた時期はなかったのではないかと思われる。要するに、中野がナチスに傾倒し追随したのは、その基本政策や根本的な政治姿勢についてではなく、もっぱらそれらを貫徹し実現するための様式としてであった。「民政党内リベラル派」がナチス風東方会に変身したのは、基本政策や根本的な政治姿勢が変化したからではなく、むしろそれらを変えることなく貫くためのモデルチェンジとでもいうべきであろう。そしてその結果、民衆に及ぼす影響という点で中野は既成政党の持ちえぬ力を持つに至った。この力をよりどころに日本を「国民組織を有し、国民的政治力を有する国」に変えることが、中野の目的だったのである。

ただ、それにしても、中野のナチスへの傾倒には尋常ならざる激しさがあった。つまり、この点に関する限り、彼本来の目的とそのための手段との識別を余人にはことのほか難しくした。中野の顔写真を見ると、どうやらある時期以降髪の分け方からひげのたて方までヒトラー風を心がけていたように見うけられる。しかし、たとえ彼が強運に恵まれて政権を掌握することになったとしても、中野政権はヒトラー風とはならず、チャーチル風あるいはクレマンソー風となる可能性の方がはるかに大きかったのではなかろうか。

註

(1) 重光葵、『昭和の動乱』下巻、昭和二七年、中央公論社、二二九頁。
(2) 中野正剛、「難局日本と青年学徒の道」、『東大陸』昭和一八年七月号、一三〜一四頁。
(3) 伊藤隆、『近衛新体制、大政翼賛会への道』、中公新書、中央公論社、昭和五八年、二六頁。
(4) 伊藤隆、「昭和政治史研究への一視角」、『思想』昭和五一年六月号、五七頁。
(5) 「脱退哲学、その総論、中野正剛氏」、『東京日日新聞』昭和七年二月一日付。
(6) 中野泰雄、『政治家中野正剛』上巻、昭和四六年、新光閣書店、六四一頁。
(7) 中野正剛、『国家改造計画綱領』、昭和八年、千倉書房、一五頁。
(8) 『東大陸』昭和一二年五月号、九頁。
(9) 猪俣敬太郎、『中野正剛の生涯』、昭和三九年、黎明書房、三五六頁。
(10) 中野正剛、前掲『国家改造計画綱領』、一七頁。
(11) 猪俣敬太郎、前掲書、三五六頁。
(12) 「政界新人と少壮評論家、新日本建設座談会」、『文藝春秋』昭和七年八月号、二三九頁。
(13) 中野泰雄、前掲書、六三六頁。
(14) 中野正剛、前掲『国家改造計画綱領』、一五頁。
(15) 中野正剛、『文藝春秋』昭和七年八月号、二一二頁。
(16) 中野正剛、「我党の高調する国家整調主義」、『民政』第二巻二号、昭和三年二月、二八頁。
(17) 中野正剛、「党本部に帰るまで」、『我観』昭和六年二月号、二五頁。
(18) 同右、二七頁。
(19) 中野正剛、「時論」、『我観』昭和九年一二月号、一三頁
(20) 中野正剛、前掲「党本部に帰るまで」、二六頁。

(21) 中野泰雄、前掲書、五五一頁。
(22) 同右、五九八頁。
(23) 若槻礼二郎、『古風庵回顧録』、昭和二五年、読売新聞社、三八四頁。
(24) 同右、三八四〜三八七頁。安達謙蔵、『安達謙蔵自叙伝』、昭和三五年、新樹社、二六八〜二六九頁。
(25) 中野泰雄、前掲書、六三六頁。
(26) 中野正剛、「板垣会館の感想」、『東大陸』昭和一三年一二月号、一二頁。
(27) 中野正剛、『満鮮の鏡に映して』、大正一〇年、東方時論社、一頁、二二〇頁。
(28) 同右、一八頁。
(29) 同右、一九頁。
(30) 猪俣敬太郎、前掲書、六〇〜六一頁。
(31) 中野正剛、「予定のコースなき外交の危険」、『世界政策と極東政策』、大正六年、至誠堂書店、二〇三〜二〇四頁。
(32) 中野正剛、「対支重大問題の一問一答」、『中野正剛大演説集、国民に訴ふ』、昭和四年、平凡社、一二七頁。
(33) 同右、一三一頁。
(34) 中野正剛、「対支政策の惨敗」、『我観』昭和四年一月号、二六頁。
(35) 中野正剛、「対支重大問題の一問一答」、『国民に訴ふ』、四四頁。
(36) 中野正剛、前掲「対支政策の惨敗」、二九頁。
(37) 中野正剛、前掲「予定のコースなき外交の危険」、二〇三頁。
(38) 中野正剛、「日本帝国の使命」、『日本及日本人』六三九号、大正三年九月、一一九頁。
(39) 中野正剛、『講和会議を目撃して』(第四版)、大正八年、東方時論社、八八頁。

(40) 同右、六一頁、六四頁。
(41) 同右、八八頁。
(42) 国民同盟綱領、一、立国の精神を拡充し、国際主義の再建を期す。一、統正経済を確立し、国際正義の保障を期す。一、政界の積弊を打破し、国民政治の徹底を期す。安達謙蔵、前掲書、二七九頁。
(43) 『東大陸』昭和一二年五月号、九頁。
(44) 『東大陸』昭和一二年六月号、七頁。
(45) 『東大陸』昭和一三年四月号、三〇頁。
(46) 『東大陸』昭和一二年一一月号、四頁。
(47) 『東大陸』昭和一二年一二月号、一〇三頁。
(48) 中野正剛、「東方会の発展的進出」、『東大陸』昭和一四年三月号、二二頁。
(49) 中野正剛、「時論」、『東大陸』昭和一二年一一月号、三頁。
(50) 『東大陸』昭和一四年六月号、二頁。昭和一四年七月号、一二頁。
(51) 中野正剛、「国民よ起て、――独伊より帰りて――」、『東大陸』昭和一三年四月号、三三頁。
(52) 永井和、「東方会の展開」、『史林』六二巻一号、昭和五四年、一三二頁。
(53) 中野正剛、「政界革新の魁」、『東方時論』大正一一年五月号、一一頁。
(54) 中野泰雄、前掲書、下巻、四七三頁。
(55) 猪俣敬太郎、前掲書、四四七頁。永田正義・有馬学、「東方青年隊の意志とその軌跡」、『東大陸』（創刊号）、平成三年、葦書房、二四頁。
(56) 有馬学、「東方会の組織と政策――社会大衆党との合同問題の周辺――」、『史淵』第一一四輯、昭和五二年、六九～八一頁。
(57) 『東大陸』昭和一四年一月号、七頁。

(58) 『東大陸』昭和一一年八月号、四～五頁。同年一一月号、九～一一頁。
(59) 『東大陸』昭和一七年一〇月号、八～九頁。
(60) 中野正剛、「大東亜戦下の東方会運動」、『東大陸』昭和一七年二月号、一〇～一一頁。(同年三月、『戦争に勝つ政治』と改題しパンフレットとして発行)
(61) 『東大陸』昭和一七年一一月号、七～一一頁。
(62) 同右、一〇頁。
(63) 中野正剛、「戦時宰相論」、『朝日新聞』昭和一八年一月一日付。猪俣敬太郎、前掲書、五二五頁。
(64) 同右。
(65) 同右。
(66) 『東大陸』昭和一六年四月号、九頁。
(67) 『東大陸』昭和一七年二月号、一〇頁。
(68) 『東大陸』昭和一六年四月号、六頁。昭和一七年二月号、一〇～一一頁。
(69) 『東大陸』昭和一七年三月号、四頁。
(70) 中野正剛、『太閤秀吉』、昭和一八年、東方同志会出版局、六六頁。
(71) 『東大陸』昭和一五年八月号、五頁。
(72) 『東大陸』昭和一五年一月号、八頁。
(73) 『東大陸』昭和一六年八月号、三～四頁。
(74) 『東大陸』昭和一三年四月号、三一頁。
(75) 『東大陸』昭和一八年一月号、三六頁。
(76) 同右、二一頁。
(77) 同右、三七頁。

(78)『東大陸』昭和一七年一一月号、一〇頁。昭和一八年一月号、六頁、九～一〇頁。
(79)『東大陸』昭和一八年一月号、三一頁。
(80)『東大陸』昭和一八年七月号、八頁。
(81)『東大陸』昭和一六年七月号、一二頁。
(82)中野泰雄、前掲書、下巻、八〇八頁。
(83)『東大陸』昭和一六年一二月号、二頁。昭和一六年一〇月号、四頁。
(84)『東大陸』昭和一六年七月号、二一頁。
(85)同右、一二頁。
(86)『東大陸』昭和一七年一月号、一二頁。
(87)『東大陸』昭和一六年八月号、四頁。
(88)『東大陸』昭和一七年一月号、一二頁。
(89)『東大陸』昭和一六年八月号、四頁。
(90)同右、四頁。
(91)同右、四頁。
(92)中野正剛、前掲『講和会議を目撃して』、四五頁。
(93)佐藤守男、『中野正剛』、昭和二六年、霞ケ関書房。
(94)中野正剛、「戦時宰相論」、『朝日新聞』昭和一八年一月一日付。
(95)『東大陸』昭和一六年一二月号、二頁。
(96)『東大陸』昭和一八年一月号、三三～三五頁。
(97)『東大陸』昭和一六年六月号、五頁。
(98)『東大陸』昭和一一年八月号、五頁。

(99)『東大陸』昭和一八年四月号、四頁。中野正剛、『遺稿、建武中興史論』、昭和一八年、正剛会、一五〇頁。
(100)『東大陸』昭和一八年四月号、四頁。
(101)同右、五～六頁。
(102)「中野正剛氏神兵隊事件の証言内容」、『東大陸』昭和一四年九月号、一二〇頁。

第二章　「先輩凌轢《りょうれき》」——犬養との訣別

はじめに

「犬養さんも到頭なくなられたか。まことに痛惜のいたりに堪へぬ。犬養総理大臣は自分の学生時代から知遇を辱《かたじけの》うした先輩であり、立憲問題、対支問題に関する先生の経綸を聞いて、青年の脳裡に政治上の理想に関する芽生えを生ぜしめた恩人である。犬養先生が立憲政治のため努力せられること数十年、国会開設以前より藩閥打倒を叫び、憲政擁護を唱へ、普通選挙を説き、わが憲政のために努力せられたことは多大のものがある。しかし三百余名の大政党を提げて内閣を組織せられるに及び、その憲政の基礎たる議会政治の根柢に疑念をさしはさむまでに時代の潮流の激変したことを思へば感慨無量である(1)」。

昭和七年五月一六日、郷里福岡に帰省中の中野正剛は犬養首相横死の報に接して、その所感を右のように語った。『九州日報』に掲載されたこの談話は、一読する限り、まずは礼にかなった弔意の表明といえる。たしかに故人の恩義は感謝され、功績はたたえられ、そしてその死は悲しまれている。が、少し注意深く読みなおしてみると、「しかし」以下最後のくだりで文意がにわかに改まっていることに気づく。つまり、故人の功績はもとよりその存在意義そのものを否定する「時代の激変」、それをただ指摘するに留めて感慨無量と結ぶ。巧妙な遠まわしの表現がとられてはいるが、そこで語られているのは、要するに激変する時代を認識できなかった犬養の不明であり、犬養の死はまさにその不明故に彼自らがまねいた自業自得ときめつけられているととれなくもない。犬養の死をいたむ中野の気持に嘘いつわりはなかったにせよ、やはり中野は大恩ある先輩をその最期にあたって冷やかにつきはなし、批判の俎上にのせたと解することもできよう。

そもそも中野正剛には、先輩を「凌轢《りようれき》」する悪癖があったといわれる。(2) つまり、天分豊かで才気換発な中野は、早くから彼を高く買って引きたててくれる先輩にめぐまれたが、まさしくその才気故にほどなくいずれの先輩にもあきたらなくなって離反し、しかも時としてかつて傾倒したはずの先輩を遠慮会釈なく攻撃してはばからなかった。そして他ならぬ犬養との関係こそ、その典型と呼ぶにふさわしいものなのである。犬養は中野を学生時代から公私にわたって引きたて、中野も犬養を崇拝してやまぬという十数年来の親密な関係が、やがて中野の離反によって終わり、ついに修復不可能なまでに悪変するのが大正末年のこと。その訣別を象徴する中野の犬養批判には、たしかに「凌轢」と呼ぶにふさわしい激しさがあった。(3) 以後両者は所属する政党も主張する政策もことごとく異なり、敵対関係に終始した。そうであれば、犬養の死に臨んで中野の談話に冷やかなひびきが生ずることも、また弔意と共に手きびしい批判がふくまれていることも、むしろ自然ななりゆきとして納得がいく。つまり中野は、既に過去に属する犬養との訣別をこの際改めて確認したのであり、永別にあたっても、故人となった先輩に対してあえてその姿勢を変えようとはしなかったのである。

しかし、中野の犬養評がどうであれ、犬養木堂はわが国政治史上象徴的な存在である。周知のとおり、彼はかつて「憲政の神」と謳われ、今また政党政治、議会政治の殉教者となった。そのような人物と何らかのかかわりを持つ者は、好むと好まざるとにかかわらず、彼個人のみならず彼によって象徴されるものともかかわりあうことになる。すなわち、中野が犬養を批判し訣別したということは、単に個人的な人間関係の終わりを意味するだけでなく、それ以上に犬養によって象徴されているものとの断絶を意味した。そしてこのことを、中野もまた否定しようとはしない。冒頭の談話に即していえば、時代は激変して「憲政の基礎たる議会政治の根柢に疑念をさしはさむまでに」至ったと語るとき、明らかに彼は犬養のみならず「憲政」と「議会政治」をも捨て去っている。ただ、ここでそのように言辞を費やすことは、あるいは迂遠にすぎるかもしれない。中野は、この時既に人も知るナチス・シンパであった。ほぼ二年前、破天荒なナチスの大躍進が世界を一驚させて以来、これに対する中野の反応は、まさに性急の一語につきる。このドイツ政界の新勢力に対する彼の共感と共鳴は、短時日のうちにあからさまな傾倒へと変わっていった(4)。ナチス政権成立に先だつこの時期ですら、中野の熱烈なヒトラー崇拝は、彼がもはや政党政治、議会政治に与《くみ》する者ではないことを何よりも明白に示している。端的にいえば、犬養の死を待つまでもなく、中野は全体主義を標傍し(5)、犬養も犬養の象徴する「憲政」も既に捨て去っていた。つまり、犬養の死に際して彼が改めて確認した訣別は、この方向転換の再確認、あるいは傍証にすぎないということになる。しかしながら、このような理解のしかたには、いささか納得しがたい点がある。たしかに中野は、はずかし気もなくナチス・スタイルの模倣に熱中し、尋常ならざる激しさでナチスを讃美しヒトラーを礼讃してはいるが、それと同時に、彼の言動をやや立ち入って検討してみると、そのことが果たしてどこまで彼の根本的な方向転換といえるのか、むしろ大いに疑問とせざるをえない。いいかえれば、その表面に現れた激しさにもかかわらず、中野のナチス礼讃をただちに全体主義独裁政治の信奉とみなし、あるいは単純に政党政治、議会政治の否定と解することは、誤解を生みやすい短絡のように思われる。いいかえれば、中野がナチスに求めたものは、根本的な政治目的にかかわることというより、はるかにその目的を達成するための手法の問題であった。彼が追求する政治の理想や究極的な目的は、ナチス以前も以後も驚くほど変わっていない。このことは、頭脳明晰な中野が事ナチス・イデオロギーに限って、ほとんど無理解に近い一方的解釈に終始している事実に結びつく。[6] そしてその結果、彼の主たる関心事であったナチスの手法にしても、当然彼の流儀に合わせて変容されることとなる。ナチス・スタイルの導入にあれほど性急に情熱を傾けながら、しかし彼は、政党そのもの議会そのものを、ナチスにならって否定しようとはしていない。[7]

そうであるならば、問題はもう一度ふり出しにもどることになる。中野の犬養との訣別は一体何を意味するのか。それは、中野がナチス・シンパであることを強調し、その当然の帰結と解説してすむことではない。おそらくここで必要なのは、問いを逆転させることではなかろうか。つまり、中野のヒトラー礼讃や全体主義への転向をいう前に、そもそも彼が犬養に見たものは何であったのか、そのことが改めて問われねばならない。中野とこの「憲政の神」とのかかわりあいをまずその最初にまでさかのぼって吟味し、両者の関係の変遷を十分に検討する必要がある。そしておそらくそれは、単に犬養との関係に留まらず、中野が捨て去った「憲政」と「議会政治」の意味内容の確認に結びつき、さらには、何が中野をナチスへと駆りたてたのかということについても改めて語ることにつながるものと思われる。

一　「木堂屈すること勿《なか》れ」

「最初筆をとりて天下に現はれし時、小生の筆は単に先生を讃美せんが為に用いられたるの観あり」[8]。大正一三年五月、犬養にあてた訣別の書簡の中で、中野は過去をふりかえってそのように述べた。かつて弱冠二五歳の中野が『朝日新聞』紙上に四七回にわたって「朝野の政治家」[9]を連載し世人の注目を集めたのは、明治四四年入社後わずか二年目のことであった。さらに翌明治四五年、彼は余勢をかって「明治民権史論」を連載し、その文名を確立した。いずれも改めて単行本として上梓されたこれら二篇の作品が単に犬養を讃美するために書かれたとするのは明らかに誇張であるが、同時にまた、そこには犬養に対する彼の並々ならぬ傾倒がはっきりと示されている。例えば、「朝野の政治家」にあげられた一〇名のうち、ほぼ全面的に認知され高い評価をえたのが唯一人犬養のみであったことからも、それは容易に察せられる。「朝野の政治家」は、延々と続く桂園体制を打破すべく、民党指導者の奮起をうながすいわば檄文であったが、その中で独り犬養のみが、不屈の闘志と志の高さ故に、この呼びかけに価する人物として遇されている[10]。

これとほぼ同じことが、「明治民権史論」についてもいえる。民権伸張のための闘いを語るこの史論の中で、犬養に関する言及は必ずしも多くはないが、にもかかわらず、彼が明治三一年憲政党内閣の成立に深く関与したという事実は、その評価と位置づけを決定している[11]。短命とはいえ、憲政党内閣は、明治民権史上初めて藩閥勢力から政権を奪取した成功例であり、その経緯の中で犬養の果たした役割には事の成否にかかわる重みがあった。ことに民党合同、あるいは「閥族」に対する「非妥協方針」といった基本戦略の案出と貫徹に関しては、犬養を度外視して語りえない。およそそのような意味で、この史論においても犬養は、その闘志と節操故に脚光をあび、きわだった存在として位置づけられている。しかも「明治民権史論」はこのことに加えて外部の状況変化から別の意味で改めて犬養に強く結びつく。その状況変化とは、ほかでもない大正政変と憲政擁護運動であるが、新聞連載中に起きたそのような局面の展開をこの史論はただちに自ら語る歴史の延長線上に位置づけ、積極的な姿勢の表明をためらわなかった。連載が擱筆《かくひつ》された大正二年一月下旬、一連の経過が大詰めを迎える中で書かれた結論は、この世論の高まりを再び訪れた「閥族打破」の好機ととらえ、憲政党内閣の教訓を生かして再度「非妥協方針」を貫くよう情熱的に呼びかけて終わっている。(12) すなわち、「明治民権史論」が憲政擁護運動のための史論とされる所以であるが、それはとりもなおさず、憲政擁護運動の指導者犬養の立場に歴史の裏づけを与え、史的正当性を付与して力強く支持することを意味していた。ちなみに中野は、都下の新聞記者、弁護士等有志の組織する憲政作振会に早くから加わり、文筆活動のみならず実践的な面でも積極的に活躍している。ともあれ、この時期の中野が描き出す犬養像は、立憲政治の徹底を旗印に藩閥勢力と果敢に闘う闘士というにつきるが、同時にまた彼は、立憲政治の完成こそ維新の精神を継承し国民国家を発展させうる基本とする点で、犬養に志を同じくする先達の姿を見ていたといえよう。

中野と犬養のきずながそのたしかさを確認されるのは、しかしながら、むしろこれより少し後のことというべきかもしれない。高揚する世論を後ろ楯として「憲政の神」とあがめられた時期、犬養は、中野の言動如何にかかわりなく、およそ支持者に事欠かなかった。犬養にとってそれが問題となるのは、再び状況が変わって世論の逆風をうける立場に立たされた時であり、そうなって初めて、なお犬養支持を変えなかった中野の姿勢はそのたしかな一貫性をきわだたせることとなる。この時犬養のおちいった苦境というのは、単に憲政擁護運動の挫折によるよりも、直接的にはむしろ、さらに一拍おいて出現した大隈内閣に由来していた。中野が憲政擁護運動を憲政党内閣に結びつけてとらえ、犬養に両者の紐帯を見ていたことは既に述べたが、そのような見方は必ずしも中野だけのものではない。憲政擁護運動の指導者犬養がかつて憲政党内閣の担い手であったことは広く知られていて、[13]それ故その憲政党内閣の首班であった大隈に組閣の機会が再びめぐってきた今、犬養の助力と参画は「憲政擁護、閥族打破」の大義に照らしても世間一般の期待するところであった。そしてそのような思い入れが犬養の入閣拒否によってくつがえされた時、世論は一転して彼を批判の俎上にのせる。しかも、このとき大隈によせられた期待が一種のブームをまきおこすほど強かっただけに、[14]逆に「憲政の神」の凋落は著しく、犬養は今や旧主を裏切る忘恩の徒にまでおとしめられることとなった。

注目を要するのは、前に述べたとおり、このような世論の趨勢自体、既に見た「明治民権史論」に至る中野の主張とも相いれぬわけではないということである。むしろ従来の観点に忠実であろうとすれば中野もまた犬養の行動に幻滅するはずであり、この局面で犬養を支持し続けるためにはこれまでの主張を発展的に再構築しなければならなかった。中野はこの課題に対する答を、大正三年五月『日本及日本人』に掲げた一文によって示している。「木堂屈すること勿れ」と題するこの評論は、まず第一に大隈内閣批判であり、さらに大隈を否定することで犬養を正当化する犬養擁護論であった。具体的にいえば、そもそも大隈内閣は、世間一般の期待とは裏腹に、藩閥勢力に従属している。内閣成立の経緯を始めとする内情に照らせば、それはとうてい「閥族」に対する「非妥協方針」の貫徹につながるものではありえない。犬養の入閣辞退は、彼の慧眼がまさにその点を見抜いた結果であり、それは旧主に対する忘恩どころか、節操ある政治家の私情にとらわれぬ「完璧な出処進退」といわれねばならない(15)。つまり、変わったのは大隈であり犬養はいぜん高潔であるという対置の構図によって、犬養はまずそのように正当化された。そしてその上にたって、中野はさらに今後犬養のとるべき基本戦略とでもいうべきことを熱心に語っている。もちろん中野はそうすることで犬養を一段と積極的に擁護し盛りたてようとしているのであるが、そこに描き出される犬養像のもう一つの焦点を求めるとすれば、それは「キヤスチング・ヴオート」の確保、「決定票権」の行使といった具体的な献策(16)にあるのではなく、もう少し心情的な気構えについての助言の方に見出されるのではなかろうか。例えば、当面犬養が果たすべき役割は、天下に憚《はばか》られることであると断定し、時には大隈を脅迫しろとけしかけ(17)、さらに「木堂断じて屈すること勿れ」とくりかえしはげますのを読むと(18)、あたかも「朝野の政治家」の一節かと見まごう。三年前、中野は犬養についてこう書いている。「二たび三たび擲《なぐ》られよ、踏まれよ、蹴られよ、之に屈することなくんば、君が声望は一難を経《ふ》る毎《ごと》に一倍し来らん。余は君が節を枉《ま》げて、世に調法がらるるを希望せず(19)」と。

すなわち、中野の犬養像は変わることなく維持され、のみならず新たな苦境の中で一層たくましくきたえあげられているのである。

中野は、これ以後も犬養シンパであり続けた。彼の書く評論が犬養の立場を代弁し、その主張を支持しあるいはその行動に理解を示していることは、くりかえし確認されるところである。ことに、犬養が大隈内閣の増師案に反対し、対支政策を批判して反政府色を鮮明にするにつれ、中野の大隈内閣批判も一段と激しさをましていく[20]。しかし、このことは、中野が犬養を無条件で崇拝し無批判に追従したことを意味するわけではない。その並々ならぬ傾倒ぶりにもかかわらず、中野は常に犬養をさめた眼で観察し、きわめて早い時期から鋭い批判の矢を放ち続けている。例えば、ほかでもない犬養を「憲政の神」とあがめることに対して、中野は嫌悪の情もあらわに激しい拒否反応を示した。世間一般がそのような形で敬意を表することはおくとして、犬養をよく知る党の幹部や側近までがあたかも「神人」につかえるがごとくふるまうのは笑止千万。私人としては「木堂先生」、党員としてはおたがいに対等なのだから「犬養君」で十分だと、大正二年七月、「意気地なき政党」と題する評論で彼はそういってのけた[21]。同様に象徴的な事例として、犬養の掲げる「憲政擁護、閥族打破」のスローガンに対しても、中野は驚くほど早い時期にその有効性を疑問視している。彼がこのような抽象的なスローガンに終始することを「旧套《きゅうとう》に属する」と批判し、具体的な戦略目標として新たに「選挙権の拡張」を提言したのは大正二年四月、憲政擁護運動終焉直後のことであった[22]。それは、彼が犬養の聡明さを高く評価しながら絶対化していなかった証《あかし》であるが、それと共にやがて普通選挙をめぐって顕在化する両者の時代感覚の違いをも示唆していて興味深い。さらにこれらに比肩する事例を若干あげれば、犬養の言動や判断が立憲同志会に対する遺恨の感情によって毒され矮小化されていること[23]、犬養の党運営の拙劣さ故に言論の党である国民党が機関誌を完備していないこと[24]、そういった中野の批判はいずれも肯綮《こうけい》にあたっていて、犬養にとっては多分に耳の痛い指摘であったと思われる。また対外政策についていえば、大正四年から一年余イギリスに留学する機会を得た中野は、この間特にわが国の外交政策に疑問を持ち危機感をつのらせて政府を攻撃するが、その矛先は犬養の国際的視野の狭隘さ、世界情勢に関する理解の低さにも向けられ、中野の心中深く不満といらだちを蓄積させる結果となった[25]。

いずれにせよ、総じて中野の犬養批判には手加減せぬきびしさがあり、その辛辣さにおいて政敵をもしのぐ激しさがあった。けれども、それでもなお中野を犬養シンパといいきらせるものは、実は中野の語る一つの小さなエピソードにあるというべきかもしれない。そのエピソードというのは、イギリス留学に際して中野が記した船旅日誌[26]の初めの部分で、思いがけず中国革命党の幹部を保護し同行する経緯を語っているくだりである。中野と中国の浅からぬ因縁を思えば、そのこと自体は特にとりたてていうまでもない。ただ、興味深く思われるのは、その亡命革命家譚人鳳の人物描写にあたって、中野がわざわざ犬養を引きあいに出している点にある。小男であることも、眼の鋭さも、猫背であることも、髯がまばらなことも、と一々かぞえあげながらそのつど「犬養式なり」とくりかえす中野の語り口には、この初対面の人物にいだいた親しみがこの上もなく巧妙にいい表されている。そしてさらに、「談国事に及べば」そのさえない風采ががらりと変わって人を威圧する点も壇上の犬養に似ているとほめそやし、終始一貫あたたかく好意的に応対するようすが述べられるのを読むと、犬養に似た譚人鳳を通じて実は犬養に対する中野の真情がはからずも吐露されていることに気づく。(27) おそらく故国を離れる船旅という条件も手伝ってのことであろうが、それは日頃の中野に似合わず邪気のない素直な愛情表現のようにも思われる。いずれにせよこの時期の中野は、一方で犬養に対しても、というより、犬養に対すればこそ、容赦のない直言をくりかえしてはいるが、(28) それもこれもふくめた上で、なお彼の胸中はこの先輩に対する崇敬の念に満たされていたと見るべきであろう。

二　外交調査会批判

中野の本格的な犬養批判は、犬養の外交調査会参加と共に始まる。周知のとおり、外交調査会をめぐる犬養の行動については、中野の批判を待つまでもなく、多方面から激しい反発が表明された[29]。寺内内閣成立当初この「長閥」超然内閣を時代錯誤と非難攻撃して不信任を表明した犬養。ついで、にわかに鉾《ほこ》をおさめて政府の招請をいれ、新設された外交調査会に参加し国務大臣待遇を受けいれた犬養。世人を唖然とさせたこの豹変に納得のいく一貫性を与え正当化することは、犬養側近の古島一雄ですらなしえなかったといわれる[30]。あるいは前に見た大隈内閣の場合と引き比べるならば、ちょうどその裏返しというのがふさわしいかもしれない。この度の犬養は、節操とも高潔さともほど遠く、「閥族打破」に代わる「挙国一致」を掲げてみても、旗幟は鮮明さを失って説得力をうることは難しかった。つまり、中野にとっても犬養の非を認めざるをえぬ状況であり、あの時の犬養擁護論を再びくりかえすことなどとうてい不可能といわざるをえない。しかも事は背信、裏切りに通ずるとなれば、潔癖な中野の犬養批判がきびしく容赦のないものとなっても何の不思議もなかったのである。

大正六年七月、犬養が正式に外交調査会委員に就任した翌月、『東方時論』に掲載された中野の犬養批判は、しかし、予期に反してきわめておだやかなものであった。そこではたしかに犬養の行為が問題にされてはいるが、議論の核心はそれとは別に、あくまでも外交調査会の機関としての欠陥、組織としての不備におかれている。例えばこの機関が「権能の規定」を欠き、「責任の帰着点」も規定されていないといったあいまいさ。あるいは、そのように不完全な組織によって「根本的国策を研究し、錯綜せる外交問題を審査する」おぼつかなさ。[31] 要するに中野が批判の俎上にのせたのは、まさしくその表題の示すとおり、「不徹底の外交調査会」そのものであった。換言すれば、犬養の外交調査会参加は、従来の主義主張との整合性を不問にふされたまま、変節か否かを論じられることなく、もっぱら左様に難点の多い機関への参加としてのみ問題とされる。さらにいえば、「氏は如何の自信を以て、其の抱負を調査会裏に遂行せんと欲するか[32]」というその問いは、犬養が「対支政策に関しても軍制に関しても」一家言を有することを前提とし、その抱負を実現しようとする意思そのものについては是認している。その上で中野は犬養の選んだ手段の有効性に疑問を呈するわけであるが、それとてもなおその結果をあえて見守る姿勢をとり、明らかな判断の誤りとしてきびしく追及しようとはしていない。[33]

広く世間の顰蹙《ひんしゅく》をかい「売節」とまでいわれた[34]犬養の外交調査会参加を、中野はなぜかくも穏便に扱うのであろうか。この寛大さは、おそらく中野と犬養の間になお認められる原則的一致によるものであろう。そもそも外交調査会は、寺内内閣によって突如もたらされたわけではない。それは、他ならぬ犬養が大隈内閣の末期に提示した「次の内閣に対して向背を定める規準[35]」なるものに由来する。やや立ち入っていえば、犬養のその「規準」というのは、抽象的には挙国一致の対外政策遂行であり、具体的には「国策研究調査機関」の設置であったが、そう主張する前提には大隈内閣の対外政策に対する激しい反発がふまえられている。犬養によれば、大隈内閣は要するに無定見で「行きあたりバッタリ主義」であり、「欧洲大戦後の大局に処すべき何等の準備もして居らぬ[36]」。従って「世界の変局に順応して行ける丈の」対外政策を追求することが次期内閣の使命であり、首尾一貫した外交政策を主体的に遂行しうる挙国一致の態勢をととのえることが何よりも急務ということになる[37]。

そして、中野と犬養は、まさにこの点で原則的に一致していた。イギリス留学中の中野が危機感にかられて表明し続けた政府批判は、何よりも大隈外交の無定見と先見性の欠如に向けられ、彼もまたそれを「兎に角やつてみる主義」ときめつけている[38]。やがて締結されるであろう講和条約の内容は戦時下の外交実績によって規定されるとくりかえす彼の主張が常に行きつくところは、やはり挙国一致の対外政策確立に他ならない[39]。もちろん中野は、だからといって「国策研究調査機関」の設置を求めはしなかったし、ましてや、犬養のように、挙国一致の政策をかかげうる内閣ならば

「山県が出ても寺内が出ても、必ずしも之れに屹度《きつと》反対すると云ふ限りではない(40)」などといってはいない。けれども中野としては、「挙国一致して外患に処するの必要」を共に認める限り、犬養がこの原則を新たな旗印として掲げることに一定の理解を示さざるをえなかった。さらにまた、外交調査会の設置に先んじて寺内内閣の行った衆議院解散の結果、決定票掌握をねらう犬養の戦略が不首尾に終わるといういきさつがこれに加わる。「決定票権」の行使は、かつて中野が犬養に献策した戦略でもあった。そのような経緯を考えれば、この時犬養がおちいった苦境について中野が同情を禁じえなかったことは想像に難くない。「挙国一致」を大義名分に外交調査会を影響力確保の方便とした犬養に対して中野が寛大な態度でのぞむ一端の理由は、そのあたりにもあるように思われる。

しかしながら、それにもかかわらず、犬養の外交調査会参加は、中野と犬養の関係を考える上でやはり重要な節目といわねばならない。寛大にすぎるとさえいえる中野の犬養に対する態度は、ほどなくはっきりと変わる。激動する国際政局から次々に生ずる重大問題は、外交調査会の能力を試すと同時に犬養個人に対しても試金石の役割を果たした。中野の見るところ、それら具体的な問題に対する外交調査会の応接は、明らかにこの機関本来の使命を裏切るものであり、彼はその責任を個々の委員に対して、特に犬養に対してきびしく追及する。例えば支那参戦問題に対して外交調査会の示した方針は、大隈内閣の対支政策と何ら選ぶところがない(41)。「支那の治乱と我国の興廃とは、相関すること左右の手の如し[42]」とする中野の立場からすれば、それらはいずれも許しがたい暴挙であるが、より以上に許せぬことは、つい先頃まで中野と一致して大隈内閣の対支政策を批判していたはずの犬養がこの暴挙に与《くみ》していることであった。外交調査会そのものには最初から期待していない。期待はただ、それに参加した犬養がどこまで自説をつらぬくかというこの一点によせられていた。それがこのありさまというわけである。「支那問題は由来犬養氏の得意とする所なり、其の得意なる問題を捉へて、国民に帰向する所を指示せざるは何故ぞ。……犬養氏若し外交調査会に列するが故に、支那問題と支那を中心とする列強の態度とを論究するを得ずと謂はば、外交調査会は氏の政治生命を奪ふものと見ざるべからず[43]」。大正七年一月、中野は国会における犬養の所信表明演説をとらえてそのように酷評している。

中野の犬養批判は、さらにシベリア出兵をめぐって激しさをます。革命ロシアに対する洞察はおくとしても、「非賠償、非併合、領土自決の三大原則[44]」に照らしてシベリア出兵に反対する中野にとって、この問題に対する犬養の態度は無定見の一語につきる。いいかえれば、当初反対しながら結局出兵に賛成した犬養の態度変更もさることながら、一層問題なのは、その際下された判断の基準が奈辺にあるのかいっこうに釈然としないことであった。そこには「動かす可らざる国策の根本義」を見出すことができない。あるものはといえば、「曰く無方針なり、曰く御都合主義なり[45]」。かつて大隈内閣の対外政策を批判して「行きあたりバッタリ主義」と称したのは犬養であり、「世界の変局に順応して行ける丈の準備」を主張したのも彼である。しかるにこのありさまは許されるはずがない。これ以後中野は犬養を、「外交調査会の老廃者流」と呼ぶようになった。(46)

改めていうまでもなく、このような外交調査会の破綻を最終的に決定づけたのは、パリ講和会議であった。それは他でもない、講和会議にのぞむ政府の基本方針が「白紙主義」、つまり基本方針と呼びうるような確たる政策を何ら持ちえなかったという事実によって何よりも雄弁に語られている。そしてその結果が、大正八年一月二八日の五大国会議の顛末であり、わが国外交の惨敗に他ならない。それらはことごとく、先行する戦時下において一貫性のある外交方針を主体的に確立しえなかった当然の帰結といえる。「講和会議の大勢を決するものは、之に列する各国背後の実力是なり」(47)。渡欧に先立ってそのように語った中野は、それ故パリにおいて自らの主張の正しさを無残なまでに痛感させられることとなった。「未だ曾て一箇月の巴里滞在中ほど国辱を眼前に見たることなし」といい(48)、わが国全権団の無為無策に文字どおり涙を流して憤慨した中野は、『東方時論』あてに、歴代内閣と外交調査会を指弾する告発文を矢つぎばやに送付している。そしてその中で、「外交調査会の堪能の士は何をかなせし」(49)となじるとき、その「堪能の士」は犬養以外の何者でもない。「挙国一致」を掲げ戦後処理への対応を語りながら何らの基本方針をも打ち出そうとしなかった犬養は、外交調査会そのもの以上に罪深いということになる。これより二年前、犬養の外交調査会参加を論ずるにあたって、もし自説を貫きえぬ時には決然と辞すべきことを、中野はその寛大な論旨の最後に忘れずに記した。[50] 事ここに至ってなお中野が犬養にいいうることは、即時辞任の勧告以外にありえない。しかし、その犬養はといえば、辞任の意思はまったくなく恋々としてその地位に留まり続けた。時間の経過と共にそのような犬養を語る中野の論調には、侮蔑を帯びたあきらめのひびきが強められていく。「犬養が裸一貫で民間に立つて来て居たら、今頃は立派な芝居が打てたであらうに。クレマンソウは七十六まで辛抱して初めて国難を支ふる大黒柱となつた。それまでは孤立であつた。蹉跌が多かつた。併し国民と共同の脈搏を失はなかつた。木堂は漸く六十六、今から十年間如何する積りで居るか」[51]。パリから帰国してほぼ半年たった大正八年末、中野は『東方時論』誌上でそのように述べている。かつて中野と犬養との間にあった原則的一致はもはや見るかげもない。そして両者の信頼関係も、基本的にはここで終わりを告げているように思われる。

三　革新倶楽部の結成から訣別へ

パリ講和会議をさかいとして、中野の言動は従来にもまして政治革新への傾斜を強めていく。帰国直後の約二ヵ月間、精力的な講演と新聞連載記事の執筆を終えると、彼は改めて政治革新運動に腰をすえてとりくむ。講和会議の無残な顚末は、「国民的主張を以て使節を後援する国」と然らざる国の優劣の反映であり[52]、そうであるならば、「先づ我日本国を一新せよ」というのが彼の主張であった[53]。もちろん、そのような主張はこの時を待つまでもなく、彼年来のものではある。中野が「外に対しては民族主義なり、内に対しては民主主義なり[54]」と語ったのは既に第一次大戦勃発以前大正三年のことであり、さらにその発想の起点ともなれば、おそらく彼の経歴の最初までさかのぼりうる。しかし、同時にそれはただのくりかえしというわけではなかった。講和会議での失態が、わが国初の本格的政党内閣のもとでおきたという事実を、中野は決して見過ごしてはいない。それは、政治の新たな担い手であるはずの政党が、実は「官僚閥族の別名[55]」に堕している裏返しの証明である。つまり、打破すべきはこの現状であり、そのために今や「閥族の弊風[56]」のみならず新たに「党類」の堕落をも排除しなければならない。そしてそれらを攻めるための新たな戦略の核心に、彼は「普通選挙の実行」をすえた。前にも述べたように、中野は既に憲政擁護運動終末の段階で、「選挙権拡張」を新たな戦略目標として提起している。彼の理解に従えば、およそ政治の頽廃は民意の疎外されるところに生ずる。それ故、旧来の「閥族」に加えて政党が「閥族の別名」に堕した今、この病理に対する最も有効な処方箋は、改めて「選挙権拡張」を徹底することに求められねばならない。徹底した「選挙権拡張」すなわち普通選挙の実施は、政治革新の切札であり、「全国民の注意を内治外交に緊張せしめ、此全国民の主張を根拠として、経綸を行はしむる所以[57]」ということになる。大正八年八月中野はパリでの体験を共有する人々と共に改造同盟を結成し、新たな革新運動の拠点とした。そして、その綱領一一項目中冒頭にかかげられたのは、「普通選挙の実行」だったのである。[58]

普通選挙に関して中野の主張する要求が、ただちにそのまま当時の世論であったというわけではない。けれども、その動機や目的が必ずしも一様ではなかったにせよ、政治上の権利を主張し参政権の平等を求める声はこの時期に急速な高まりを示し否定しがたい勢いとなっていった。憲政会代議士大竹貫一を座長として全国普通選挙連合会が結成され、既に各地に形成されていた四十余の団体が統合されたのは大正九年一月、中野の改造同盟設立から半年ほど後のことである。そして当然のことながら、このような世論の高揚は、政党の動向にも影響を及ぼさずにはおかない。既にこの前年一部の議員による普通選挙法案提出の動きが見られた国民党は、ついにこの年、納税資格を全廃して満二〇歳以上の成年男子に例外なく選挙権を与える選挙法改正案を第四二議会に提出するに至る。かくして犬養の率いる国民党が普通選挙支持にふみきったということは、中野と犬養の関係に即していえば、批判と問いかけをくりかえす中野に対して犬養が呈示した一つの答えでもあった。すなわち、中野が政治革新の切札として提唱する普通選挙に犬養もまた賛意を表明することによって、両者の間には改めて新たな一致点が生まれたことになる。しかもこの中野と犬養の提携は、政局の急展開にともない、にわかに具体性を帯びて発展する。大正九年二月、野党の普通選挙法案提出を機に国会が解散されると、この機会をとらえて政界進出を果たそうとする中野は、ただちに犬養を訪問して立候補の意思を伝え助言を求めた。これに対する犬養の応答にも並々ならぬものがあり、彼自らわざわざ九州にまで出向いて中野を応援している。「選挙権拡張及政治上の意見においてほとんど一致せる中野氏を応援せんが為来福した」と、五月二日福岡市記念館での演説で犬養は冒頭そのように強調した。[59] ともあれ、与党政友会が圧勝し野党はことごとく敗退したこの選挙で、しかも九州一といわれた激戦区において、弱冠三四歳の中野が当選を果たしえたのは、少なからずこのような経過に負うところがあったといえよう。

復活した中野と犬養の関係は、この二年後一つの高みに達する。「総選挙は政府党の大勝で終了」し、「普選は当分絶望」と思われたその状況が、[60] 原敬に続く山県有朋の死を契機に再び流動化する中で、大正一一年秋、国民党は解党し、中野の所属する無所属倶楽部と合流して新たに革新倶楽部が結成された。一方で国民党が、「既成政党の弊竇《へいとう》を打破」し「凡ての政治を民衆一般に開放」し、「議会政治其の物の完成を期する」と解党の趣旨を宣言すれば、[61] 他方中野によって起草された革新倶楽部設立宣言は、「一切既成政党の気習を脱し、広く天下民衆と握手して、現状打破、党弊刷新の旗幟を樹つる」[62] ことを謳いあげている。つまり、中野と犬養の間に再生された紐帯は、個人の次元に留まらず組織的に発展して一つの結実を得るに至った。しかもこの革新倶楽部は、構成員個人の良識と行動の自由を重んずる趣旨で党議拘束はせず、「公選の実行委員、常設委員、政務調査委員を置く以外に領袖とか幹部とかを置かない」という。[63] もちろんそのような規約は、旧套を否定する新たな結社の原則として注目に価するが、同時に中野と犬養の提携を持続させる上からも、有効な舞台装置であるように思われる。その意味でおそらくそれは、個性豊かな彼らが共に所属するのに最もふさわしい組織というべきかもしれない。

いずれにせよ、今や中野と犬養は手に手をたずさえて、「政界革新の魁《さきがけ》」となった観がある。だが、実は両者の間には、依然として越えがたい溝があった。のみならず、その深まり故に彼らはほどなく、しかも決定的に訣別することとなる。最もわかりやすい点からいえば、他でもない前節でとりあげた外交調査会をめぐる中野の犬養批判は、決してあれで終わったわけではなかった。中野が大正九年の衆議院選挙で犬養の応援を受けたことは既に述べたが、この選挙中も選挙後も、中野はこの点についてそれ以前とまったく変わらぬ同じ調子で犬養を批判し続けている。例えば、解散直後、彼は『東方時論』にこう書いた。「議会は解散となった。政府は横暴である。反対党は意気がない。国民党も首領が外調を辞さぬ限り、如何に絶叫しても画龍点睛を欠く」[64]と。また、選挙後の総括でも、中野によれば、国民党の敗因は犬養が外交調査会に留まっていることにあるとされ、[65] さらにこの年の末『東方時論』に掲載された「職業政治家の遊戯を排す」で、彼は、「犬養氏も普選論者たるに先だち、外交調査会を辞して頂きたい」とまでいいきっている。[66] しかもそのような中野の批判は、ほぼ二年後加藤友三郎内閣によって外交調査会が廃止されるまで、激しくかつ執拗に続けられた。

ここで結論を先どりすれば、中野が犬養との関係を断ち切ることになった直接の原因は、大正一三年の衆議院選挙にあった。このいわゆる護憲選挙にあたって中野は再び福岡から立候補したが、この時犬養の彼に対する態度は、前回とは対照的に終始一貫非協力的で、およそ支援らしきことは一切なされなかったといわれる。その結果、中野は非常な苦戦をしいられ、政友会系の対立候補宮川貫一をおさえてかろうじて当選はしたものの、その差わずかに二五票という文字どおりの辛勝であった(67)。いわば未必の故意によって見殺しにされかけた中野が、選挙後ただちに犬養と絶交し革新倶楽部を離脱したことは、無理からぬところと理解できる。ただ、それではこの犬養の態度は何故《なにゆえ》の豹変かとなると、事情は必ずしも単純ではなく、経過は少々こみいっている。まず最も肝心なことして、この決裂は彼らの一致点そのものに最初から内在していたといわねばならない。つまり、中野と犬養の間に再び生まれたはずの見解の一致は、実は表面的なことにすぎず、一歩内実に立ち入ると初めから重大なくい違いを内包していた。ややさかのぼって確認すると、そもそも犬養の外交調査会参加は、「売節」とまでいわれた重大な基本方針の転換であった。彼の戦略の主眼は、ここで決定票掌握による影響力獲得から元老に対する画策ないし他党との合従連衡によるそれへと移しかえられている。爾来、外交調査会は犬養にとってこの新戦略の主要策源地であり続けた。そしてそれとは対照的に、この間彼は、普通選挙はおろか選挙権拡張に積極的な関心を示してはいない。大正九年その犬養がにわかに「普選論者」になった理由は、普通選挙が新たな状況に即した闘争手段としてすぐれて有効であることを認めたというにつきる。(68)ちなみにその新たな状況というのは、一つは原内閣による小選挙区制の導入であり、今一つは参政権の平等を求める世論の高揚であったが、犬養の普通選挙支持が状況次第であったことは、例えば、彼が「この普選運動においていかなる集会・デモにも参加していない(69)」といわれ、あるいは、わずか一年前彼に先んじて「普選論者」となった五名の国民党議員を党議違反の廉《かど》で除名に処した(70)といわれることからも察せられる。

ともあれ、犬養にとって普通選挙は、外交調査会がそうであったように、党勢挽回と政権獲得のための手段にすぎなかった。いいかえればそれらは、いずれも党略の具という限りにおいて等しい。中野にとっては、国民外交を疎外する外交調査会と、普通選挙制とは、民主主義の原則に照らして相いれぬこと自明であっても、犬養は外交調査会委員のまま「普選論者」になることを矛盾とみなそうとはしない。一見したところ中野と犬養は共に普通選挙の実行を要求し、新たな提携が成立したかに見えながら、二人の間にはこのような越えがたい溝が介在していた。そしてこのへだたりは、政府が外交調査会を廃止した後も、また国民党が「凡ての政治を民衆に開放」すると称して解党した後も、さらにまた革新倶楽部が「広く天下民衆と握手し」と宣言した後も、ついに解消することなく続く。最初に指摘した大正一三年のいわゆる第二次憲政擁護運動とその結果行われた衆議院選挙は、そのような中野と犬養の齟齬を露呈させる契機に他ならない。清浦内閣打倒を目指す政・憲・革提携の申合せが普通選挙にはまったく言及せず、ただ「政党政治の確立」のみを掲げて足れりとしたことは、[71] 独り犬養の責任ではないにせよ、やはり普通選挙を単なる闘争手段とみなす彼の見解の反映といえる。それによって、「内閣倒壊の旗印は当然普選即行でなければならぬ[72]」という中野の主張は、改めて否定された。そしてその代わりに前面に押し出されている「政党政治の確立」は、政党の合従連衡による政権獲得の謂《いい》であった。しかも、現実の選挙戦にのぞんで各党の思惑が複雑に錯綜する中で、政・革合同による多数派形成の可能性が特に犬養によって熱心に追求されたといわれる。[73] 前回に比べてこの選挙では犬養の態度が著しく異なり、中野が見殺しに等しい扱いを受けた理由はまさにここにあった。犬養とその側近が、政友会系候補と争う中野をあえて無援のまま放置したのは、政・革合同による多数派工作への配慮の結果というわけである。要するに、否定されたのは、中野の主義主張だけではない。犬養は、かつて彼に先んじて「普選論者」として活動した国民党代議士をそうしたように、今また中野を党略に準拠して切りすてようとしたのである。護憲三派の野合を批判し、その申合せを揶揄して、「傾城《けいせい》の起《き》請文《しょうもん》、何んで斯《こ》んな物が当てにならう[74]」と書いたのは『東洋経済新報』であるが、中野を離れて当時の世評一般に照らしてみても、政党及びその指導者の信用失墜には著しいものがあったといわねばならない。

むすび

変わったのは大隈であって犬養ではないという、あの犬養擁護論の枠組が、中野と犬養の関係にもあてはまる。変わったのはもっぱら犬養であり、中野ではない。中野の心をとらえて離さなかった犬養の節操と闘志は、遺憾ながら次第におとろえ、ついに消滅した。もとより、いかなる正論も力の裏づけがなければ、実行されえない。その意味で経綸を有する者が権力を追求するのは、当然のことではある。分かれ目は、それが正論を行うための力の追求、経綸のための権力であり続けるか否か、一にかかってこの点にある。かつて、「木堂は矢張《やはり》精鋭三十騎を率《ひき》いて、天下を横行すれば足れり[75]」と中野にはげまされた犬養ではあるが、しかしくりかえし思い知らされたことは、所詮「三十騎」では足らぬという力の論理に他ならなかった。何はともあれ権力を獲得しようとする彼の権謀術数が、そこから始まる。そしてそのあげくに、政権への接近、権力中枢への参画そのものが自己目的化し、ついにはその目的化した手段のために、本来の目的であった正論がゆがめられ、経綸が放棄される。大正一三年の末、中野は孫文の訪日に事よせて、この犬養の変貌ぶりを次のように述べた。「借問す今日の犬養翁は、今日の孫君と何を談じようとしたのか。……孫君は当年其《その》儘《まま》の孫君である。犬養翁は今日別人である。西伯利《シベリア》出兵にも同意し、過激思想の侵入をも恐れ、宗教の必要を説き、都合によつては軍閥の寵倖児田中義一を推し立てて、次の超然内閣でも作つて見ようとする先生である。此《こ》の先生の代人と会談して孫君は何を得たであらう」[76]と。そしてその中野はといえば、犬養とは対照的に変わらなかった。革新倶楽部を去って憲政会に入党した後も、彼は一貫して「天下民衆と握手し、現状打破」するために努力を重ねている。憲政会が再編成され民政党となるにあたり、彼は党綱領起草委員として活躍したが、その結果かつての革新倶楽部政策綱領は、民政党によって発展的に継承された[77]。また、彼の命名による民政党という党名の含意にしても、「窮乏せる社会に虐げられてゐる民衆を救ひ出し国民らしい生活をさせやう」というところにあったとされる[78]。やがて彼は、さらにその民政党さえも捨て去るのであるが、それもまた、偏《ひとえ》に初志に忠実であろうとする結果に他ならない。「民政党は事実に於て当時の宣言、綱領を棄てて居るとより見えない、変つてるんです[79]」。民政党から離反した直後、中野はそう語った。

改めていうまでもなく、中野と犬養の訣別は、単なる両者の個人的な問題ではない。犬養は、わが国の政党政治、議会政治を代表する人物であり、ことに民党の指導者として象徴的な存在であった。その人物がかくの如く変わりはてたということは、何よりも彼が民意を体現しようとする民党の理想を保ちえなくなったことを意味する。中野が革新倶楽部を去ってほどなく、犬養は政・革合同と称して革新倶楽部を解消し、政友会に合流した。憲政本党から国民党を経て命脈を保ってきた「純民党」は、ここに消滅する。犬養は、やがて田中義一失脚の後をうけて政友会総裁となるが、そのことによって民党の理想が政友会に伝えられるということはなかった。逆にいえば、中野が政友会を選ばず憲政会を選んだ理由がそこにある。「憲政会もとより理想的に非《あら》ざるべきも……小生の目よりすれば政友会に勝る万々なり」[80]。犬養に対する訣別の手紙の中で、中野は自らの憲政会参加をそのように語っている。そして、政・革合同とは対照的に、「純民党」革新倶楽部の掲げた理想は、中野の手によって憲政会に発展的に伝えられた。すなわち、中野と犬養の訣別は、「純民党」との訣別に重なりあう。余人ではない。相手は犬養なのである。けれども、その犬養と別れることが、政党政治、議会政治を捨てることであったと、果たしていえるであろうか。ただ、この章を終えるにあたって、ここであえて個人的心情にかかわる一つのエピソードに言及しておきたい。

それは、昭和六年末、中野が安達謙蔵らと共に画策した協力内閣構想が挫折した時のことである。協力内閣は成立せず、犬養政友会単独内閣の公算が決定的となった段階で、犬養は、中野に近いある人物から、中野が犬養内閣是認ととれる発言をしたと聞かされた。このことは言葉の行き違いから生じた事実無根の誤解であったが、しかし、そう聞いた犬養は、「そうですか、中野君がそういってくれましたか」といい、面談中にもかかわらずわざわざ椅子から立ちあがって感動を示したといわれる[81]。エピソードというのは、それだけの話にすぎない。政局にも個人的関係にも、それによって変化が生じたということは何もなかった。だが、老練な犬養のこの期《ご》に及んでのこの反応は、一考に価する。おそらく、犬養は、はるか昔に捨て去ったもう一人の自分、大隈をして「彼は決して不義に与《くみ》せず(82)」といわしめたかつての己《おのれ》の姿を、中野の中にずっと見続けていたのではなかろうか。

註

(1) 中野泰雄、『政治家中野正剛』上巻、昭和四六年、新光閣書店、六五九頁。

(2) 緒方竹虎、『人間中野正剛』(第四版)、昭和二六年、鱒書房、二七頁。中公文庫、昭和六三年、中央公論社、三一頁。

(3) 中野正剛、「孫文氏の去来と亜細亜運動」、『我観』大正一四年一月号、一一二~一一七頁。『中野正剛大演説集、国民に訴ふ』、昭和四年、平凡社、二〇~二二頁。なお緒方竹虎は、『人間中野正剛』の中でこれを引用して、「借問す。今日の犬養サンは今日の孫君と何を談じやうとしたのか。孫君は、当年その儘の孫君である。犬養サンは別物である。近来理想を棄てて工作に忙はしく、宗教の必要を説き、都合によつては軍閥の寵児田中義一を推し立てて、次の超然内閣でも見やうとする先生である。比先生の代人と会談して孫君は何を得たであらう。」としているが、二十六峰外史のペンネームで公にされた『我観』の原文には「近来理想を棄てて工作に忙はしく」とは書かれておらず、その部分は、「西伯利出兵にも同意し」となっている。さらにまた演説集に収録するにあたって、「犬養サン」は「犬養翁」に改められている。

(4) 室潔、「中野正剛のナチス観」、早稲田大学教育学部『学術研究』第四一号、平成五年、一頁。

(5) 同右、二頁。なお、猪俣敬太郎、『中野正剛の生涯』昭和三九年、黎明書房、三五六頁では、昭和八年に中野が公にした『国家改造計画綱領』を「彼のファシズム宣言」とみなしている。おそらく、『国家改造計画綱領』中、「政治機構の改革」として、「一、一切の既成政党政治と絶縁して、強力内閣を組織し、合法的手段により、独裁的に非常時国策を断行すべし。二、一定年限を限り、議会より非常時国策の遂行に必要なる独裁的権限を内閣に委任せしむべし。」といわれていることを念頭においてのことと思われる。たしかにこのような主張はナチスが要求した全権賦与法(Ermächtigungsgesetz)を想起させ、ナチス独裁と結びつけて理解されて不思議はない。しかし、ワイマール共和国の歴史にたちいって確認すると、これより約一〇年前にも全権賦与法が国会の承認を得て成立している。一九二三年、これによって権限を強化したシュトレーゼマン内閣は、ルール危機を克服し、インフレーションを収拾し、軍部をおさえて軍事独裁の芽をつみとり、ワイマール民主制を軌道にのせた。従って、議会から全権賦与をとりつけて内閣に独裁的権限を集中し、「非常時国策の遂行」を企図したからといって、それだけで「ファシズム宣言」といえるものではない。（室潔、『ドイツ軍部の政治史――一九一四～一九三三』、平成元年、早稲田大学出版部、一一〇～一一七頁）

（6）室潔、「中野正剛のナチス観」（承前）、早稲田大学教育学部『学術研究』第四二号、平成六年、六頁。

（7）中野正剛、『国家改造計画綱領』、昭和八年、千倉書房、一六頁で中野は、「政治機構改革」の二について説明し、「必ずしも議会政治の否定ではない」とことわっている。またこの前年、文藝春秋主催の座談会では、「国民政治の徹底は議会がいい」とのべた（「政界新人と少壮評論家、新日本建設座談会」、『文藝春秋』昭和七年八月号、二二九頁）。さらにまた、昭和一五年大政翼賛会結成に際して最も解党に慎重であったのは中野の率いる東方会であり、ほどなく翼賛選挙に反抗して再度東方会を復活させた経過を見れば、中野が政党の持つ本来の意義を積極的に肯定していたことは明らかと思われる。

（8）中野泰雄、前掲書、三八二頁。

（9）単行本としては『八面鋒』と改題し明治四四年に博文館より刊行された。本書では、「朝野の政治家」からの引用はすべてこの単行本による。

（10）「犬養毅君の如きは、一世の権門総て君が政敵なり。山県系の武断藩閥に好からず、伊藤系の文治藩閥に好からず、而して又井上松方系の金権藩閥を唾棄す、君は絶対的に反抗的政治家なり、決して浮ばざる地獄谷の主人公なり。」（『八面鋒』一四六頁）「世人木堂を小なりとなすは、小なるに非ずして、未だ其処に至らざるなり。……故に余は木堂に清濁併呑を勧むるを好まず。……木堂は矢張精鋭三十騎を率ゐて、天下を横行すれば足れり。編狭と称せらるる何かあらん、狭隘と称せらるる何かあらん、悪《にく》まれて悪まれ徹せば可なり。」（同書、一八二頁）「君の名声は内訌以来大いに天下に高きをなせり。二たび三たび擲《なぐ》られよ、踏まれよ、蹴られよ、之に屈することなくんば、君が声一難を経《ふ》る毎《ごと》に一倍し来らん。余は君が節を枉《まげ》て、世に調法がらるるを希望せず。」（同書、一八五頁）

（11）「然るに大隈の部下に政界の大勢を観測して稍《やや》所謂ハイポリチックスを解する一人あり犬養毅君是れなり。……蓋し彼の志す所甚だ遠く、其漢籍の修養より感得し来りし『己れ達せんと欲して先づ人を達す』るの道を行はんとするなり。」（中野正剛、『明治民権史論』、大正二年、有倫堂、四〇四頁）「是れ実に、犬養が痛切に閥人の頼むべからざるを感じ、後日如何なる勧誘あるも、如何なる有象無象の狂奔するあるも、決して藩閥児と手を携ふることを為さざるに至りし所以なり。」（同書、四四三頁）「彼の野心は寧ろ更に之より遠くして大なりき。彼窃《ひそか》に以為《おもえ》らく憲政党内閣は遠からず爆裂して分離すべく、其際自由派を駆逐して純進歩派の内閣を組織する時、板垣に代りて内務大臣となり隠然副総理となるべきは余に非ざれば能はずと。」（同書、四九一頁）

（12）「是に於てか明治三十年に至りて、民党は始て妥協方針の愚なるを悟り、全然閥族との提携を抛ちて民党合同を実現し、一度非妥協方針にて閥族の保塁を奪へり。……思ふに民党の閥族を掃蕩して維新立国の精神を拡充すべき総ての手段は、明治三十一年政党内閣瓦解に及びて、一巡全く試みられたるなり。而して此最後に於て試みられたる民党の連合は、最初に於て企てられたる革命的手段と共に、絶対的非妥協方針にして最も世人の注目に値するものなりき。」（中野正剛、『明治民権史論』、大正二年、有倫堂、四九九頁）「第二回の非妥協方針は民党合同の力によりて憲政党内閣の組織に至らしめしも、是も亦民党分子の覚醒足らず誠意乏しきによりて破れたり。而して今や第三回の非妥協方針は憲政擁護閥族打破の声と共に漸く確立せられんとす。是此前途、吾人は果して之を如何にか指導すべき。吾人は憲政党内閣によりて示されたる大失敗を再びすべからず、政界をして再び明治三十一年以後四十五年に至るまでの醜態を繰返さしむ可らず、閥族を掃蕩せば同日に政党を改善するを閑却すべからず、若し夫れ藩閥の

毒血を洗ふに党閥の汚血を以てするが如きは、吾人の最も戒めざる可らざる所なり。」（同書、五〇一頁）

(13) 岡義武、『岡義武著作集、第四巻、近代日本の政治家』、一九九三年、岩波書店、一三五～一三六頁。

(14) 同右、七八頁。

(15) 中野正剛、「木堂屈する勿れ」、『日本及日本人』大正三年五月、六二九号、一二三頁。

(16) 同右、二五頁。

(17) 同右、二七頁、二九頁。

(18) 「親分子分の関係にて、理非を弁ぜず妄動するは野蛮の遺習なり。……木堂断じて屈すること勿れ、其前途を悲観するには、余りに年少に過ぐ、大隈伯は七十七歳にして、首相の地位を獲得したり、木堂断じて屈すること勿れ。」（同右、二九頁）

(19) 中野正剛、『八面鋒』、一八五頁。

(20) 「大隈伯は全国民の希望によりて現はれ来りしなり。……然るに流石大言壮語し来りし大隈伯も、愈々《いよいよ》局に当るに於ては、元老を慮《おもんぱか》り、貴族院を慮り、官僚を慮り、同志会を慮り、纏綿《てんめん》せる情実の下に徹底せざる顔触の内閣を組織し、天下の多く大隈伯に期待する者をして、落胆せざる能はざらしめたり。」（中野正剛、「情実政治の不安」、『日本及日本人』大正三年七月、六三三号、二五頁）

「次に大隈内閣は情実に制せられて、長閥官僚の容喙《ようかい》を辞する能はざる結果、勢ひ陸軍問題に就て、国民を満足せしむるが如き、明快なる解決を下す能はず、一も二もなく陸軍側の要求に応ぜんとするものの如し。」（同右、二七頁）

「吾人は今日大隈伯の得意満面なるを見て、遥かに同慶の至りに堪へず。其の過日来京阪に遊説せし時の如き、群衆は口を揃へ、新聞紙は筆を揃へて声援し、歓呼の声関西の天地を震撼する概《おもむき》あり。斯の如き盛況は之を桂公に望む可らず、西園寺侯に望む可らず、否伊藤公と雖《いえど》も生前に是れ程の歓迎を受けしことなく、明治新政以来の首相にして、民衆の共鳴を誘ひ起せし者、大隈伯を以て第一とせざる可らず。……大隈伯の為に諸肌脱がずとて非難せられし犬養氏も、老伯と相前後して京阪地方を通過し、新聞記者の質問に遇ふや、老伯は時局の困難なるを見て、左右の事情を顧慮するの遑《いとま》なく、決然起ちて内閣を組織し、宸襟《しんきん》を安んぜんとせしものならんと説きて、流石に大隈伯の奮発に対しては好意ある解釈を下せり。然れども亦同時に大隈伯の首相職に就きたるを以て、手代番頭総て長閥にて固められたる家に、無条件にて養子となりしものなりと諷せり。犬養氏は慧眼の人、時日を経るに従ひて、氏の所謂長閥の復興なる先見が争ふ可らざる事実となりて現はれ来らんとするは、千里一碧の大隈日和に、一抹の黒雲横はるが如く、何人も其雨ふらさんことを憂ひざるはなし。」（中野正剛、「政党大臣官僚大臣」、『日本及日本人』大正三年八月、六三五号、一三三頁）

「余は最初より大隈伯の蹶起を壮とせり。今日に於ても聊《いささ》かも元気沮喪の色なく、縦横に長広舌を揮《ふる》ひて、伯の所謂立憲的精神を発揮するを壮とす。其の内閣は政党大臣と官僚大臣との折半に成れるが如きも、伯あるによりて現内閣は素人目には政党内閣の観あり。……然れども大隈伯の閥族に対するは、其内実に於て、果して外観の如く勝身なるを得るか。内に於て多く閥族に制せらるるが故に、外に向ひて其の然らざるを装ふべく、盛んに所謂立憲的長広弁を弄するに非ざるか。……大隈伯は閥族政治の演劇を仕組みながら、之に釣合はざる憲政の馬鹿囃しを奏するものに非ざるか。」（同右、一二五～一二六頁）

(21) 中野正剛、「意気地なき政党」、『日本及日本人』大正二年七月、六一〇号、三〇～三一頁。
(22) 中野正剛、「政友倶楽部に与ふる書」、『日本及日本人』大正二年四月、七〇頁、七四頁。
(23) 中野正剛、「民党何ぞ振はざる」、『日本及日本人』大正三年一月、六二二号、一七頁、三〇頁。「国民は果して覚醒せるか」、『日本及日本人』大正三年三月、六二五号、一九頁。
(24) 中野正剛、「野党何ぞ蹶起せざる」、『日本及日本人』大正五年一〇月、六九〇号、一七頁。
(25) 「軽率に独逸に宣戦するの不可なるは、吾人の予め力説したる所なりき。日英同盟の大義の重んずべきを知るが故に、宣戦前英国との交渉を纏《まと》め、戦後に生ずべき必然の難問題を解決して後、英国の依頼を待ちて兵を動かすべしとは、吾人が最初よりの註文なりき。然るに大隈内閣は、国民の内閣を倒すを憚るを知るが故に、一切識者の定論を尻目にかけて傍若無人の行動を開始したり。」（中野正剛、「遥かに日本男児に檄す」、『日本及日本人』大正四年九月、六六二号、二七頁）

「予定の径路を進まずして、其日暮しに路傍の利益を拾はんとするが如き外交は、実に亡国の一端なり。我帝国の外交の不振は、単に今日始まりしに非ず。然れども帝国が日清日露の大戦争に勝ちて、国の地位を今日までに進めし間には、少なくとも国家に一定の方針ありき。……大隈伯の軽薄と、加藤男の偏見とは、全然帝国の外交を、予定の軌道の外に置きたり。今や酔漢と盲目とは、鐘太鼓にて調子をつけながら、険阪に向ひて自動車を駆りつつあり、嗚呼其の危きこと、啻《ただ》に風前の灯のみならざるなり。殊に其対支外交の経過の如き、縁日商人の其日暮しと異らず。法螺《ほら》吹きかけ、拳固振り廻し、取れるだけ取りて見んと謂ふが如きは、決して日東君子国の態度に非ず。」（同右、三一頁）

「抑々《そもそも》大隈内閣の破廉恥なると、内閣の横暴を看過する国民の無神経なるとは、現内閣成立当初よりの奇観なり。……畢竟《ひっきょう》大隈侯は国運を切売にして、国民を眩惑し、出鱈目政策の清算期が近づきつつあるに対して些《いささか》の責任を感ぜざるものなり。……更に国民党に至りては吾人の一層痛嘆に堪へざる所、犬養木堂今奈辺に在るか。外に対支問題あり、内に憲政の大義に関する問題あり、此際悠々として避暑地の別荘に閑臥するが如きは、抑々政界に意を絶ちしものか。」（中野正剛、「此国民の惰気を如何」、『日本及日本人』大正五年九月、六八八号、二七〜二九頁）

(26) 大正四年三月一二日神戸を出港し四月二五日マルセイユ到着までの船旅を中野は七回にわたって『日本及日本人』に寄稿している。その題名と掲載された号は以下のとおり。「支那大陸を右舷にて」、大正四年五月、六五四号。「安南沖に泛《うか》びつつ」、同年五月、六五五号。「新嘉坂より」、同年六月、六五六号。「感慨多き印度洋」、同年六月、六五七号。「亡国の山河」、同年七月、六五八号。「マルセイユまで」、同

年七月、六五九号。「欧洲初見参」、同年八月、六六〇号。

(27)「譚君今年五十六歳、君等が正面の大敵たる袁世凱より若きこと二歳、容貌風采甚だ我犬養翁に似たり。眼の鋭きも、犬養式なり、猫背にして小男なるも、犬養式なり、髯の疎なるも、犬養式なり。平常の威容甚だ揚らざれども、談国事に及べば、昂然として眉を動かし、枯槁《ここう》せる体内に熱血の漲《みなぎ》り来るを思はしむ宛として壇上に叱咤する、犬養氏の風丰なり。」(中野正剛、「支那大陸を右舷にて」、『日本及日本人』大正四年五月、六五四号、六二頁)

(28)「曩《さき》に対支政策に対して国論の沸騰せし際、余は率先して木堂の態度を難じたり。別して長閥を忌避するが為に、自ら行動の範囲を緊縮する勿らんことを切論したり。収賄問題に伴ふ山本内閣の攻撃にも、同様に活達ならざる態度を責めたり。是れ吾人は木堂に対して過酷なるに非ずして、千百の有象無象よりも一木堂を重んぜしを以てなり。」(中野正剛、「木堂屈する勿れ」、『日本及日本人』大正三年五月、六二九号、二三頁)

(29)「第三十九議会国民党報告書発表せらる。……報告書一出、把って之を読むに、徹頭徹尾、堅白異同の詭弁を以て非を掩ひ過を文《かざ》り、抽象的に世論を低調の放論と貶《けな》し去れるのみならず、政府の外交調査会設置を以て、己を空うするの誠意を披瀝するものと為し、閥人内閣に対し傾倒的讃辞を捧ぐるに至りて、吾人は寧ろ国民党の政治道徳に対する観念の極めて低調なるを嗤《わら》はずんばあらず。……首領、犬養氏が入りて其の委員に列せるは、嘗《かつ》て大臣たりし資格の為のみ、調査会は決して議会の有力者とも認めざれば、国民党の首領とも認めず、言はば犬養氏一個の私的関係なり、犬養氏一人の感激を以て、堂々たる政党が己を空うするの誠意と為すに至りて、国民党の耄碌《もうろく》加減亦た甚しからずや。」(「東西南北、国民党特別議会報告書」、『日本及日本人』大正六年八月、七一一号、四~五頁)

(30)岡義武、前掲書、一五四頁。

(31)中野正剛、「不徹底の外交調査会」、『東方時論』大正六年七月号、六頁。

(32) 同右、一一頁。
(33) 同右、一二頁。
(34) 「二十八年前には変節漢後藤を出したけれども、当時の民心には未た日本魂を失はなかつた。火曜会は後藤象二郎を除名した。今の国民党は犬養を除名し得ぬ。却つて其巧利に堕落し権勢に近づき得たのを謳歌して居る。二十八年前には象二郎の変節に憤慨して決闘を申込んだものが三人もあつた。……今の国民党には首領の売節を見ても一人の脱党を敢てするものすらない、嗚呼古今人心の変、頼みなき事共である。」(曾古津、「象二郎の変節犬養の売節」、『日本及日本人』大正六年八月、七一一号、八六頁)
(35) 犬養毅「国策の確立を要す」、『日本及日本人』大正五年四月春季拡大号、五四頁。
(36) 同右、五三頁。
(37) 同右、五二〜五三頁。
(38) 中野正剛、「露国の将来と日本の態度」、『日本及日本人』大正四年一一月、六六八号、二五頁。
(39) 中野正剛、「遥かに日本男児に檄す」、『日本及日本人』大正四年九月、六六二号、三三頁。「外患将に薄《せま》らんとす」、同誌、大正五年一〇月、六九一号、三一頁。「議会解散内外多事」、『東方時論』大正六年二月号、一九頁。「寺内内閣存続の意義如何」、同誌、大正六年四月号、二五頁。
(40) 犬養毅、「国策の確立を要す」、五二頁。
(41) 中野正剛、「東亜の風雲と調査会の試練」、『東方時論』大正六年七月号、一四頁、二六頁。
(42) 中野正剛、「東亜危し国危し」、『東方時論』大正六年八月号、二六頁。
(43) 中野正剛、「政府の施政方針と各党の宣言」、『東方時論』大正七年二月号、三八〜三九頁。
(44) 中野正剛、「公開せる講和会議」、『東方時論』大正七年三月号、三八頁、四五頁。
(45) 中野正剛、「浅慮外交屈辱出兵」、『東方時論』大正七年八月号、二〇頁。
(46) 中野正剛、「講和を現実に観よ」、『東方時論』大正七年一二月号、一五頁。「奇怪なる米人の心理と新

思潮難」、同『東方時論』大正八年三月号、一二頁。
(47) 中野正剛、「渡欧の門出に」、『東方時論』大正八年一月号、二頁。
(48) 中野正剛、「旭日旗影薄し」、『東方時論』大正八年五月号、四四頁。
(49) 「帝国使臣が巴里に於ける惨憺たる光景は、是れ実に日本帝国の反映なり。開戦以来、日本人は何をか夢みたる。大隈内閣は何をかなせし、寺内内閣は何をかなせし、外交調査会の堪能の士は何をかなせし、原内閣は何をかなさんとする。今日の禍は一朝にして来るに非ず。由来する所真に遠きなり。……遂に我日本国は世界列国の討議場に、其使臣を送りながら、発言すべき何物をも有せざるが如き道徳上の大饑饉に遭遇するに至れり。」(同右、四四~四五頁)
(50) 中野正剛、「不徹底の外交調査会」、『東方時論』大正六年七月号、一一～一二頁。
(51) 中野正剛、「新現象と新人物」、『東方時論』大正九年一月号、六一頁。
(52) 中野正剛、「総選挙に臨む国民の責任」、『東方時論』大正九年四月号、七頁。
(53) 中野正剛、「新局面は独露より開く」」、『東方時論』大正八年七月号、一五頁。
(54) 中野正剛、「民党何ぞ振はざる」、『日本及日本人』大正三年一月、六二二号、二九頁。
(55) 中野正剛、「改造同盟論」、『東方時論』大正八年九月号、一四頁。
(56) 中野正剛、「憲政擁護一周年」、『日本及日本人』大正三年一月、六二一号、一六五頁。
(57) 中野正剛、「政治改革より純理改革へ」、『東方時論』大正八年八月号、二二頁。
(58) 中野正剛、前掲「改造同盟論」、八頁。
(59) 中野泰雄、前掲書、二八三頁。
(60) 中野正剛、「総選挙前後の政界」、『東方時論』大正九年六月号、二頁。「政友会、憲政会及び国民党」、同誌、大正一〇年二月号、四頁。
(61) 木堂先生伝記刊行会編、『犬養木堂伝』中巻、昭和一四年、東洋経済新報社、五一二頁。

(62)中野正剛、「政界革新の魁」、『東方時論』大正一一年五月号、一一頁。
(63)同右、三五頁。
(64)中野正剛、「議会解散政界総動員」、『東方時論』大正九年三月号、二九頁。
(65)中野正剛、前掲「総選挙前後の政界」、一一頁。
(66)中野正剛、「職業政治家の遊戯を排す」、『東方時論』大正九年一二月号、一一頁。
(67)中野泰雄、前掲書、三七九～三八〇頁。
(68)岩淵辰雄、『三代宰相列伝、犬養毅』、一九五八年、時事通信社、一六七頁。伊藤之雄、『大正デモクラシーと政党政治』、昭和六二年、山川出版社、一九～二〇頁。
(69)伊藤之雄、前掲書、二五頁。
(70)伊藤之雄、前掲書、二〇頁。
(71)木堂先生伝記刊行会編、前掲書中巻、五八四頁。
(72)中野正剛、「特権内閣の本質的検討」、『我観』大正一三年二月号、一九頁。
(73)伊藤之雄、前掲書、一六二頁。
(74)「憐むべき哉、日本の政治斯くて汝は何処へ行かんとするか。或は曰ふ、三浦観樹子の肝入で、高橋、加藤、犬養の三氏が会合し、『憲政の本義に則り、政党内閣の確立を期す事』と申合せた。政界も之より多少は改まろうと。傾城《けいせい》の起請文、何んで斯んな物が当てにならう。」(『東洋経済新報』大正一三年一月二六日、一一頁)
(75)中野正剛、前掲『八面鋒』、一八二頁。
(76)中野正剛、前掲『中野正剛大演説集、国民に訴ふ』、二二～二三頁。
(77)革新倶楽部政策二二項目中、第九項、国債公募中止、第一〇項、金解禁、第一五項、労働問題、小作問題の立法的解決、第一六項、一七項、義務教育の充実、第一八項、一九項、軍縮等は、いずれも民政

党の主要政策として発展的に継承されている。

(78)『東大陸』昭和一四年九月号、一二〇頁。

(79)「政界新人と少壮評論家、新日本建設座談会」、二一二頁。

(80) 中野泰雄、前掲書、三八三頁。

(81) 同右、六三〇頁。

(82) 中野正剛、前掲『八面鋒』、一六〇頁。

第三章　東條弾劾

はじめに

中野正剛の五七年の生涯は、昭和一八年一〇月二七日、彼の自決によって唐突に終わりを迎えた。「中野正剛氏自殺、昨夜日本刀で割腹」と報じた『朝日新聞』[1]は、簡略な事実関係を伝えるに留まり、その動機については一切ふれていない。翌年一周忌を期して徳富蘇峰が草した「留魂碑文」もまた、「人其ノ何故タルヲ知ル者無シ」としている[2]。残された遺書は、家族、友人を始め各方面への別れの挨拶にすぎず、「俺は日本を見乍ら成仏する。悲しんで下さるな」と結ばれていた[3]。要するに、中野を死に追いやったものが具体的に何であったのか、その確証となると今日に至るもなお不明といわざるをえない。しかし、その死に直接先行する約二年間、中野が一体何をしたのかといえば、それは激越な反政府活動の一語につきる。東條政権に敵対して彼が企てた倒閣運動、そしてそれに対する東條の報復、東方会一斉検挙と憲兵隊による中野連行。彼の死が、そのような一連の経過と深くかかわっていることに疑問の余地はない。中野の死は、彼のくりひろげた反政府活動の結末であり、その挫折の具体的な姿であった。

一般にはなお戦勝気分濃厚な太平洋戦争前半期、既に中野は勝利の幻想を否定し、早期和平をとるべき唯一の選択肢とみなしていた。そのような判断に忠実に従い、政策として実現しようとすることは、現政権の転覆を追求することに他ならなかった。彼の生涯最後の年となった昭和一八年は、「戦時宰相論」の執筆を皮切りに、戦時刑事特別法改正反対、第八二臨時議会召集を機とする翼賛政治会幹部攻撃と、ひたすら反政府活動一色に染まっている。そして、そのようにわずかに残されている言論活動と議会活動の可能性を恃《たの》みながら、中野が最終的に東條打倒の切札としたのは重臣工作による倒閣の試みであった。緒方竹虎の指摘[4]を待つまでもなく、おそらくこの企てが成功する可能性は、きわめて小さかったに違いない。にもかかわらず、事の成否とはまた別に、この時期の彼の果敢な行動はやはり特筆に価する。いかんともなしがたい圧倒的な時流に、それでもなお孤独な闘いを挑んだ者がいたという事実は、中野個人の最期を飾るにふさわしいばかりでなく、この時期の歴史そのものに小さくはない魅力を与えているようにも思われる。

文字通り一命を賭した中野の東條弾劾は、しかしながら、従来そのように積極的な評価を必ずしも受けてきたわけではない。むしろ東條との関係が中野の全面的正当化につながることを疑問視する声は、中野評価についてまわっている[5]。たしかに、中野が太平洋戦争開戦を積極的に支持したことは、まぎれもない事実である。彼は、東條による戦争指導を否定したが、戦争そのものを否定しはしなかった。「天下ニ向テ米英撃滅ノ急先鋒ト為リ、遂ニ国論ヲ喚起シテ大東亜戦争ヲ見ルニ到ラシメタルモノ」と「留魂碑文」にもまた記されている[6]。つまりこの戦争に関して負わねばならぬ責任は、中野も東條と基本的に同じであり、両者の対立抗争は同じ戦争をどう進めるか、あるいは軌道修正の是非をめぐる争いにすぎなかったというわけである。やや古い文献ではあるが、昭和二九年に歴史学研究会から出された『太平洋戦争史』第四巻によれば、中野は「東條と同じ立場で戦争を推進してきた」「仲間どうし」であった。[7] そうであるならば、中野の行動の持つ意義もおのずと限られたものにならざるをえない。

だが、果たしてそうであろうか。中野が書き残している多くの文章に目を通してみると、そこには、彼の戦争観がくりかえし明白に語られている。例えば、「戦争は他の手段を以てする政治の継続である」というう有名なクラオゼヴィッツ（Karl von Clausewitz）の一節を彼は好んで引用する。[8] そしてそれによって彼は、軍事に対する政治の優位を自らの立場として主張すると共に、軍事を指揮しえない政治にいらだち、逆に政治を支配し壟断する軍部の専横をきびしく批判した。改めていうまでもなく、そのような中野の立場は東條のそれと敵対しこそすれ同じであろうはずがない。中野を東條打倒へと駆りたてた一つの動機は、明らかに戦局の悪化にあったが、さらに加えて、この戦争観の根本的な相違があったればこそ、彼の攻撃はかくも激しく果敢になされたのである。

この中野の戦争観を一言で要約するとすれば、それは、軍事合理主義とでもいうべきであろうか。軍事を政治の手段と位置づける彼の見解は、一方で、軍事に内在する固有の論理を当然尊重する。と同時に、もう一方で、その軍事の論理が手段として有効に働くためには、より包括的な政治の論理が目的設定機能を果たさなければならない。政治と軍事がそれぞれの位置において、おのおの理にかなった働きをしてこそ、軍事力の行使すなわち戦争は全き姿を現す。周知のとおり、中野は決して平和主義者ではなかった。その生涯を通じて、彼は戦争を戦争なるが故に否定したことは一度もない。彼にとって戦争は常に一つの選択肢であり続けた。ただ、その選択肢を選びとるからには、あくまでそれは理にかなった姿を求められるべきなのである。彼が、東條の狭隘な権威主義を攻撃してやまず、岸信介商工相の詭弁をあばき、そして早大生を前にして「魂だけでは勝てませぬ」と叫んだのはそれ故であった。

そしてさらにいえば、そのような中野の戦争批判は、この時をまつまでもなく、既に支那事変に際しても、あるいはさらにさかのぼって第一次大戦に対してすらなされている。「行当りばつたりで以て戦争を始めておいて、さうして勝たうとする(9)」と彼が支那事変を難じたのは、事変勃発直後のことであった。それは、いいかえれば、軍事に対して優位を占めるべき政治の不在を指摘しているのであり、支那事変の最大の問題点は、「総轄的政治の根本指導(10)」の欠如ということになる。また、支那事変とも太平洋戦争とも様相の異なる第一次大戦についても、彼はほぼ同じことをいっている。軍事を指揮し、戦争を指導すべき政治。しかし、現実には、そのような使命の自覚すらおぼつかぬ政治の貧困。問題はくりかえしここに収斂する。その結果、日本は、包括的な戦略目標を設定しえぬまま、開戦に踏みきり講和にのぞんだ。中野はそれを称して、大隈内閣の「兎に角やつてみる主義(11)」、原内閣の「白紙主義」と揶揄している(12)。

要するに、中野は、第一次大戦から太平洋戦争に至るまで、そのような意味で常に理にかなった戦争指導を求め続けた。そしてそのことは、同時に理にかなった政治を求め続けることでもあった。第一次大戦このかた精力的に政治革新を追求する中野が、その活動の原点としてパリ講和会議をくりかえし引きあいに出すのは、その意味できわめて象徴的といえる。ただこの間、中野の政治活動のスタイルは大きく変わった。既成政党から離反して推し進められてきたその政治革新運動は、昭和期に入って急速にナチスの模倣に走るかに見える。この現象は、往々にして、デモクラットからナチス・シンパへ、中野の変節とみなされる。しかし、この変化が表面的な次元に留まっていることは、他ならぬ中野の戦争観に照らしてみても明白であろう。たしかに、中野のナチス讃美あるいはヒトラー礼讃は否定すべくもない。が、それにもかかわらず、中野の戦争観が、デモクラットの戦争観からナチスの戦争観へと変質したという事実はない。中野はこの間一貫して同じ戦争観を語り、それにもとづく戦争批判を展開している。東條弾劾という形をとってなされた中野の太平洋戦争批判も、そのように一貫して変わらぬ戦争観の発露としてとらえるとき、より広い文脈の中に位置づけられ、深い理解をえられるのではなかろうか。

一　戦局の悪化

「前回の議会に於ては、ガダルカナルからの撤退転進の報を聞き、今議会には、アッツ島玉砕の悲報に接す。凡そ鋼鉄と鋼鉄と相搏ち相触れるとき、脆いものが破れるのは自然の数である。前線将兵の勇戦奮闘にかかはらず戦局我に利なきは何故であるか。それは銃後の国民組織に欠陥があり、我が政治の在り方が当を得てゐないからである」[13]。昭和一八年六月一七日、翼賛政治会代議士会において、中野はそのように発言し、東條政権攻撃の口火を切った。また、この直前、帰省中に母校修猷館で行った講演でも、中野は、ドイツがスターリングラードで敗退しチュニジアを失った今、アメリカの主力は日本にふりむけられ、容易ならざる事態であることを強調している[14]。後に活字にされたその講演を読みかえしてみれば、慎重ないいまわしの中にたしかに暗示されている日本の敗戦。中野はそれを帰省直後自宅において思師柴田文城に涙ながらに訴え、東條打倒の決意を伝えたともいわれる[15]。誰しも夢かと疑った緒戦の大戦果が、このような劣勢に転じたのはなぜか。明らかに東條政権の失態であり、「戦局我に利なき」が故に、「我が政治の在り方」は批判されなければならない。すなわち、中野の東條政権批判の一つの動機は、戦局の悪化にあった。

中野を東條批判へと駆りたてた動機がそのような点にあったとするならば、それはいつ頃からのことであったろうか。端的にいって、彼の状況判断の節目は、これよりほぼ一年前、昭和一七年六月のミッドウェー海戦にあった。大本営発表の捷報《しょうほう》とは裏腹に、それが日本に深刻な挫折をもたらしたことを中野はきわめて早い次期に察知していた(16)。そして、さらにこの二ヵ月後のソロモン海戦についても、同様に独自の情報源によってその実態を知らされていたと思われる。この直後からにわかに東條が長期戦を語り始め、陸軍報道部長が「百年戦争」を宣言する中で、中野は機会あるごとに、公式発表の虚報性を示唆し、戦局の実相を暗示して警鐘をならし続けている。例えば、昭和一七年の『東大陸』九月号「時論」において、彼は「長期戦」を解説し、「日本は断じて敗れないが、さう簡単に敵を屈することはできぬと云ふことだ」と断言した(17)。すなわち、負けないけれど勝てもしないというこの「長期戦」理解は、長い戦いの末が果たして勝利であるのかという疑念に容易に結びつく。また、この年の一一月一〇日母校早大で行った講演でも冒頭に彼がまず強調したのは、他ならぬ戦局の悪化であった。ソロモン方面で「食ふか食はれるかの戦闘が継続中である」「食ふだけではない。食はれるかも知れぬ戦争である。全くただごとではない(18)」。そのように切り出した中野が、三時間に及ぶ熱弁をふるっていおうとしているのは、結局このままでは勝てぬということに他ならない。そしてさらに翌一二月二一日、開戦一周年を記念して日比谷公会堂において行われた演説でも、このことは一段と激しくかつ率直にくりかえされている。「ソロモンの水は東京に通ず、ガダルカナルは山崎合戦の天王山なりといふ」が「絶対に日本は危険ですぞ」[19]。数千の聴衆が会場にあふれたといわれるこの大演説会で、中野はそう断言してはばからなかった。

おそらく彼は、この時期にわが国の敗戦を必至とみなしていた数少ない日本人の一人といえるであろう。だが、それにしても、言論統制の一段と強化された戦時において、このように戦局を語ることは、それだけで既に叛逆を意味し、十分に処罰の対象たりうる。にもかかわらず、彼があえてそのような挙に出たについては、戦局の悪化をひたがくしにする権力の有様そのものが、即、戦局悪化の原因をなすという彼の現状認識に由来する。逆にいえば、そのような自らの認識を国民に訴え浸透させて新たな世論を形成するために、彼は何よりもまず戦局の真相を語ることから始めなければならなかった。昭和一八年の『東大陸』四月号「時論」において、中野はヒトラーがスターリングラードの敗北をドイツ国民につつみかくさず報告したと述べ、その態度を絶讃するが[20]、その際彼のねらいは、単にヒトラーを礼讃することではなかった。そこで中野は東條の名を一度も出さぬまま、ただひたすらヒトラーをほめたたえ、そうすることで逆に、ミッドウェーについてもガダルカナルについても国民に真相を語りえぬ東條の姿をその対極に浮かびあがらせようとしている。ちなみに、それは何もヒトラーに限ったことではない。チャーチル然り、クレマンソーまた然りと中野はいうのだが[21]、いずれにせよ戦局の実相を率直に国民に告げうるかいなかは、ひとえに、その指導者が国民の中に深く根ざしているかいなかにかかっている。そして、国民に真実を語りえぬ者が、国民の総力を引き出し戦い続けえたためしはない。この「時論」は、この時期にくりかえされる彼のそのような主張に辛辣な一ひねりを加えた変形ともいえよう。

より忠実に中野の表現に従っていえば、東條政権は、「勝つ国の形相」を成しえぬが故に否定されねばならない。「凡そ長期戦に臨みて勝つ方の国では如何なる形相を示して来るかと言へば、前線の給与は段々豊になる。新鋭武器がどしどし出てくる。士気はますます昂《あが》つて来る。銃後の国民は苦痛を怺《こら》えて働けば、そこに励み甲斐が見えて来る、社会が何となく明るくなつて来る」[22]。つまり、「勝つ国の形相」というやや迂遠な表現で中野がいおうとする一つは、生産の増大、前線への補給の充実であり、もっといえば、戦線に投入される物量こそが戦局を左右するという冷徹な軍事の論理なのである。開戦後一年をまたずして、その軍需生産が停滞し前線への補給がとどこおり始めたこともさることながら、さらに問題なのは、そういった実状が公然と語られず、むしろ意図的なすりかえによって国民の眼からかくそうとされていることであった。東條政権は戦局の悪化を糊塗して、「長期戦」を語り始めたのと同様に、生産の停滞と物資の不足に直面して、にわかに精神こそ戦争を決定づける要素であると強弁し始める。昭和一七年一〇月一〇日、神田共立講堂における長期戦完遂演説会で、中野が岸商工相を難詰したのはまさにこの点であった。「経済産業行政の主班者」が生産の実情とそれに対する具体的な施策を語ろうとせず、現実離れした精神論をしきりに語る欺瞞性。中野は巧妙な弁説によってその点を鋭く追及し、東條政権の戦争指導そのものをきびしく批判して聴衆をわかせたといわれる。[23] そして、この一ヵ月後、早大における講演でも、二ヵ月後の日比谷公会堂における演説でも、彼はこの点を一段と激しく追及し執拗に攻撃することをくりかえした。「わが打つ太刀と敵の太刀と切り結んだ際、此方が折れたらどうなりますか。魂だけでは勝てませぬ」と、彼は早大生を前にそう語った。[24] また、「国民的必勝陣を結成せよ」と題する日比谷公会堂での演説は、東條体制を「奴隷体制」ときめつけ、文字どおりの弾劾演説で、まさに「東條内閣に対する宣戦」そのものであったともいわれる。[25]

このような中野の危機感は、昭和一八年二月、企画院勅任調査官田辺忠男との会談により、一段と深刻さを増す。田辺がそれまで一面識もなかった中野に、職務上知りえた重大な機密をあえてもらした動機は、経済専門官僚としての良識と真摯な危惧の念にあったが、そうであればこそ彼の語るところは、中野に少なからぬ衝撃を与えずにはおかなかった。例えば、前年三月から五月にかけて閣議決定された第二次軍需産業生産力拡充計画、南方開発計画等が、きわめて杜撰《ずさん》なもので、基本的な数字そのものに正当な根拠が欠けていること、またその結果、「昭和一八年以降、南方資源の入手とともに、軍需品供給は拡大する」という企画院総裁の閣議における言明は、全くの空言にすぎないこと。[26] すなわち、「軍需産業生産の拡充こそ戦時内閣最大の責務」であるとする田辺の立場からすれば、[27] 東條内閣にはおよそ近代戦遂行能力が欠落しており、このまま事態を推移するにまかせれば、敗戦は必至と断ぜざるをえぬということであった。

田辺の語ったところは、中野の見解に一致し、その正しさを証明するものでもあった。しかし、そこに示された政府部内の実情は、中野の想像をはるかにこえていて、改めて彼を東條政権打倒へと駆りたてる衝撃力となった。既にこの会談の中で中野は、「蹶起」する決意を表明したといわれる。[28]この直後、第八一議会に提案された戦時刑事特別法改正案をめぐって、また同年六月の第八二臨時議会における企業整備法案をめぐって中野が見せた激しい攻勢は、その決意の実行に他ならない。そして、戦時刑事特別法改正に関しては、中野の腹心三田村武夫の活躍もあって、一時は翼賛政治会代議士会の過半数が、政府原案反対の意思を表明するに至っている。[29]また、企業整備法案の場合は、翼賛政治会代議士会を舞台として、鳩山一郎、三木武吉と提携した中野自ら幹部議員と激しい応酬をくりかえし、同会を混乱におとしいれた。[30]くりかえされるそのような紛糾は、『朝日新聞』紙上「湧き出た議会的本能」と賞讃され、また中野の翼賛政治会脱会とも相俟《あいま》って、[31]世人に翼賛体制そのものの鳴動を印象づけずにはおかなかった。

戦時における独裁政権は、しかしながら、言論活動と議会活動のみで打倒することはできない。一説によれば、少なくとも一時期、中野周辺では東條暗殺が一つの選択肢として検討されたといわれる。[32]中野自身は知る由もないが、それは、この約一年後ドイツで実施されたヒトラー暗殺計画を彷彿とさせる。ただ、ここでは、むしろ中野があえてゲルデラー（Carl Friendrich Goerdeler）の先駆となろうとしなかったところに、東條独裁体制とヒトラー独裁体制の質の違いが象徴的にうかがわれるというべきであろう。中野は、東條暗殺をとらず、もう一つの選択肢、「重臣工作」を選びとった。すなわち、重臣会議による首相推薦の慣例を逆手にとり、重臣の不信任表明によって東條の失脚をはかる。その上で、後継内閣には真の挙国一致内閣を組織して、敗戦の実状を国民に説明すると共に、早期和平を目指して事態の収拾をはかる。最後の切札として中野がえがいた「重臣工作」は、おおよそそのような内容であったといわれる[33]。

田辺忠男との会談から間もない昭和一八年春、中野はこの工作に着手し、一方で議会をよりどころとする激しい政府攻撃をくりひろげながら、密かに併行してそれを推進した。三田村武夫、天野辰夫、鳩山一郎の他に、企画院の田辺忠男と日下藤吾、逓信省の松前重義がこの企てに加担したといわれる[34]。そしてその結果、昭和一八年夏までには、近衛、若槻、広田、岡田、米内の説得に成功し、彼らの東條不信任表明と、宇垣一成を首班とする後継挙国一致内閣への支持を約束させるに至った。後継内閣の閣僚人選も具体的に進められ、後に当局が三田村武夫から押収した「閣員名簿」には、首相宇垣一成、内相中野正剛、内閣書記官長天野辰夫とあったが[35]、その他にも中野の心づもりとして、外相広田弘毅、情報局総裁緒方竹虎、商工相兼企画院総裁には松前重義の推す梶井剛が擬せられていた[36]。昭和一八年初旬、軽井沢を舞台とする最後の詰めも終わって、中野は胸中期するところあるかに見えたといわれる[37]。

八月三〇日、華族会館における重臣と東條の会談は、しかしながら予期に反して不首尾に終わった。中野の提供した資料にもとづいて東條を問い詰め辞任を勧告する手はずが、逆に機先を制せられ居直られて、重臣側は辞任勧告どころか、批判らしき発言すら十分にはなしえなかったという(38)。中野の確信とは裏腹に、彼と重臣の間には埋め難い危機感の落差があったのであろう。改めていうまでもなく近衛といい若槻といい、彼らの薄志弱行ぶりにはこの時期既に定評があった。それを中野が知らぬはずはない。にもかかわらず、彼らの決断と実行を期待した結果がこのありさまというわけである。いずれにせよ、中野の企てはかくして、事の重大さにふさわしからぬあっけない幕切れを迎えた。しかも、この翌年、中野の死後、その同じ重臣の働きによって東條が失脚するという経緯がこれに加わる。昭和一八年夏にはできなかったことが、一年後には実現したという動かし難い事実は、先行した失敗例に時機尚早の烙印を押さずにはおかない。要するに、中野の「重臣工作」は、恃《たの》むべからざる者を恃むという無理の上に、時機の判断という点でも誤りをおかし、中野自身の思い入れのみ先行して、それは最初から可能性の希薄な独り相撲だったということになる。

たしかに、事の結果のみ見れば、東條打倒の成否は、サイパン失陥に象徴される状況の変化が鍵となった。しかし、このことは、単に中野の企ての時機尚早を意味するだけでなく、同時にその正当性をも示唆している。重臣に決断を強いたものがやはり戦局の悪化であったこと、彼らの行動が結局は前年中野のえがいた筋書きをなぞっていること、そして今回はそれがうまくいったこと、それらはすべて中野の企図そのものの妥当性を裏づけている。いいかえれば、中野が重臣によせた期待は、難しくはあったにせよ全く無理な無いものねだりだったわけではない。その意味で、一年前の「重臣工作」にも一定の可能性はあったのである。そのわずかな可能性をあえて引き出そうとした中野の企ては、激しい危機感に駆りたてられた焦慮の結果ではあっても、その危機感に正当な根拠のある限り、むしろ先見の明と称されるべきではなかろうか。

別のいい方をすれば、中野の果たせなかった東條打倒と、重臣がもたらした東條失脚とは、一見同じ事柄に見えながら、根本的に質の異なるできごとであった。重臣の意識と行動を変えたものが、もはやいかんともなしがたい軍事情勢の切迫であったということは、昭和一九年夏の政変が、政治による軍事の後追いにすぎなかったということでもある。それは、政治の判断によって軍事の収拾をはかろうとした中野の東條打倒運動とは、似て非なるものであった。その当然の結果として、重臣は東條を倒しはしたが、東條を倒すことで中野がなそうとしたことを彼にかわって果たそうとはしていない。既に述べたとおり、中野は東條打倒後、真の挙国一致内閣を樹立し、敗戦の実状を国民に告げるつもりであった。しかし、東條失脚後その跡を襲った小磯内閣は真の挙国一致内閣とは到底いいがたいものであり、また、戦局の真相を国民に知らせることは、終戦に至るまでついに実施されるところとはならなかったのである。

中野の「重臣工作」は、荒唐無稽な独り相撲ではなかったし、ただ戦局の悪化に迫られて戦争を終わらせようとする単純な和平工作でもなかった。東條内閣更迭を機とする戦争終結の模索が、所詮戦局の後追いにすぎなかったという意味で、中野の企てはそのような終戦工作をはるかに超えている。既に見たとおり、彼の東條批判は、戦局の悪化を一つの動機とはしているが、それを唯一のよりどころとして成り立っているわけではなかった。東條の戦争指導を批判するとき、中野はそれをあくまでも、別の手段によってなされる「政治」として批判の俎上にのせている。ましてやこの戦争が総力戦として戦われねばならぬ以上、第一次大戦の前例に照らしても明らかなように、戦争指導は包括的な政治指導以外のものではありえない。中野が東條と最も相いれぬ点は、ここにあった。上意下達、命令と服従という軍事の発想をすべてとする東條の戦争指導は、文字どおり中野の正反対で、軍事の尺度を絶対とし、批判も議論も封じ、ひたすら追従することを政治に求める。戦時刑事特別法改正や、企業整備法制定をめぐる両者の激しい対立は、この根本的に異なる戦争観の激突に他ならない。そしてそれは、具体的戦局の悪化に先んじて、すなわち東條の戦争指導の失敗を待つことなく、早々と「政治」批判として開始されている。具体的にいえば、昭和一七年春の翼賛選挙に対する反発がそれであるが、翼賛政治体制協議会の推薦を拒絶する中野の声明が発せられたのは、シンガポール陥落の翌月、ミッドウェー海戦より約四ヵ月前のことであった。その意味で、中野の東條弾劾は、翼賛政治体制批判として始まる。

二　「大政翼賛」の否定

昭和一七年四月に行われた第二一回衆議院議員総選挙は、翼賛議会確立を名目に、わが国議会史上前例のない推薦選挙として実施された。戦争目的完遂のために、議会は政府に無条件で協力すべきであり、そのような議会を確立するためには、議員の選出もまた政府の意向にそった候補者推薦によらねばならない。そういった政府の意図は、既に前年七月の長崎市議会選挙に際して実地に試みられ(39)、さらにそれを全国規模におしひろげるべく、この年初頭以来、内務・陸軍両省は緊密に連携し協議を重ねたといわれる(40)。その周到な準備をふまえ、二月下旬には陸軍大将阿部信行を会長として、各界代表三三名よりなる翼賛政治体制協議会が、候補者推薦母体として結成された。そして、そのわずか四十日後、同協会が公表した推薦候補者四六六名は、実際には各地の県知事と連隊区司令官の推挙に負うものであり、さらにまた、各推薦候補者に与えられた推薦料五〇〇〇円は、臨時軍事費からの支出であった(41)。すなわち意図されたところは、民選議員に代わる官選議員の選出といえよう。

中野は、この翼賛選挙をはっきりと否定した。翼賛政治体制協議会が設立された翌日、彼の率いる政治結社東方会は早々と声明を発してその推薦を拒絶し、同会の候補者はすべて「中野総裁の名において公認す」と宣言した(42)。さらに加えて中野自ら、左様な推薦を受けることは「我等の潔癖が之を許さない」と、約一ヵ月後『東大陸』誌上に拒絶の意思を再確認している(43)。既に見たとおり、中野はこの約一年後、昭和一八年六月、戦局悪化の原因を「政治のあり方」に求め、東條政権を激しく攻撃する。しかし、彼がそのように東條政権下の「政治のあり方」を問題にしたのは、ミッドウェー、ガダルカナル、アッツ島と敗報のとどくのに先んじて、既にこの時、翼賛選挙を争点としてのことなのである。たしかに、この選挙方式に反発した者は、独り中野のみではなかった。例えば、鳩山や芦田の属する同交会についても、この点同じことがいえる(44)。ただ、中野には別の点で彼らとは同日に論じえぬ特異性があった。彼は、昭和一四年三月、政治の現状を批判して衆議院議員を辞任し、以来、新たな国民運動に総力をあげてとりくみ、少なからぬ成功をおさめている。端的にいって、翼賛選挙が上からの挙国一致の企てであるとするならば、中野は下からの挙国一致運動を既に三年間にわたって推し進めてきた。翼賛選挙に対する中野の抵抗は、他ならぬこの運動の成功をふまえ、その延長線上においてなされた。この運動による実践と自信は、他の翼賛選挙に対する反対者から中野を分けへだてる。そしてそれは、彼の反対が独特の激しさを帯び、持続し徹底することを可能にした。

昭和一七年二月から四月にかけて中野が書いた翼賛選挙反対論を読むと、「国民的政治力」ということがしきりに強調されている。(45)彼が翼賛選挙に反対する理由は、要するに、そのようなやり方では「国民的政治力」を生み出しえぬということにつきる。その「国民的政治力」というのは、広く国民をふまえ国民に支持されて生ずる政治的実力、あるいは、民意に根ざし同時にそれを方向づける指導力とでもいうべきもので、別の箇所では、「国民組織」に裏づけられた「政治指導力」ともいいかえられている。(46)そして、政治が「国民的政治力」あるいは「政治指導力」によって満たされねばならぬとする彼のその主張は、特に現下の戦争と密接に結びつく。それはむしろ、最初から一つの戦争指導論として語られているといっても過言ではない。やや厳密を期せば、その両者は、そこでさらにもう一つ、政治と戦争に関する彼の基本的な認識を媒体として結びつけられる。すなわち、戦争は、政治が軍事を規定して初めて完遂されるというのがそれであった。戦争指導の主役は政治であり、「政治がなくては、戦争の効果を収拾できない」(47)。そして政治がそのように機能するための必須の条件が、「国民的政治力」というわけである。

既に明らかなように、中野が翼賛選挙に反対したのは、戦争に反対するためではなく、逆に戦争を完遂するためであった。しかし、同様に戦争完遂を目的として掲げながら、東條政権が打ち出した施策は、中野の基本認識と真向から対立する。議会を官選議員のみによって構成しようとすることは、民意を統制し管理しようとすることに他ならない。それは、国民の自発性をしりぞけ、権威への従順な服従を強いる。そこに中野のいう「国民的政治力」あるいは「国民組織」に裏づけられた「政治指導力」の生まれる余地はない。一方的に民意は抑圧され、「民意の暢展」など望むべくもない。[48]議会はひたすら政府に協力し、政治の自律性は失われて軍事と行政に従属する。戦争指導の主役はあくまでも軍事であり、政治は脇役におとしめられる。もはや「戦争は、異る手段による政治の継続」ではなく、「政治は異る手段による戦争の遂行」ということになる。まさに、翼賛選挙は、その意味で、軍事の優位を決定づける軍事政権にふさわしい施策なのである。中野の立場からすれば、「我等の潔癖が之を許さない」とするのは、至極当然のことであった。

戦争完遂のためには政治が軍事を規定すべきか、軍事が政治を支配すべきか。戦争がその全き姿を現すのは、政治が軍事を率いるときか、軍事が政治を従わせるときか。中野は前者を是とし、後者を非として翼賛選挙に挑戦し、東條政権に反抗した。しかし、そのように態度を決するにあたって、彼はこれを単に理念の問題として判断したのではない。中野がクラオゼヴィッツを読んでいたことはたしかであるが、このことを彼に確信させたのは、それ以上に第一次大戦であり支那事変であった。後に改めて述べるように、彼はそのことをまず何よりも第一次大戦から学びとっている。ドイツ帝国の敗因は、民意を無視し、軍部が政治を壟断したところに生じた。[49]「カイゼル・ドイツ」亡国の原因をそのように認識することが、第一次大戦との比較を通じて太平洋戦争に関する判断を右のように下す具体的な根拠となった。同様のことが支那事変についてもいえる。大陸における軍事行動は勝ち続けた。しかし、際限なく拡大し泥沼化したのはなぜか。そこに、戦争が軍事のみによって全き姿とはなりえぬ典型がある。同時にそこには、軍事を率いるべき政治の不在が明示されている。「日本の政治は喪心状態の儘《まま》、時局に引摺られて居る」。昭和一四年三月、中野はそのような談話を発表し、あくまでも自説を貫いて衆議院議員の地位を捨てた[50]。そしてそこから、軍事を宰領し戦争を指導しうる政治の確立を求め、そのような「政治指導力」を裏づける「国民組織」の結成を目指して、彼の率いる新たな国民運動が出発する。翼賛選挙に対する反抗は、この運動が行きつく当然の帰結ともいえるのである。

翼賛選挙に対する中野の挑戦は、だが、結局無残な敗北に終わった。推薦候補者四六六名中三八一名が当選したことは、翼賛政治体制協議会の予測を超える成功であったといわれる。非推薦候補者四六名を擁立した東方会は、当選者わずかに七名を数えるに留まり、この上ない不利な状況下にその得票数をのばしえたことは善戦の証に相違ないにせよ、現有議席を大きく割り込んだこの結果は、やはり敗北といわねばならない。また、中野自身は福岡一区において最高点で当選したが、このことを伝える新聞報道は、「右翼陣営の首領勢揃い」という見出しを掲げ[51]、その一人として彼の名をとりあげるというありさまであった。彼の当選が本来有する意味は無視され、すりかえられ、広く国民に伝えられるところとはならなかったのである。しかし、そのような挫折にもかかわらず、これ以後その死に至る一年余の間、中野の東條政権に対する攻撃は一段と激しさを増していく。既に見たとおり、戦局の切迫と新たな危機感に駆りたてられながら、中野はこの間一貫して、[52]「国民的政治力」の結集と、それを妨げる障害物の排除を追求し続けたといえよう。

翼賛選挙に対する中野の言動を理解しようとすると、しかしながら、そこに一つの疑問が生ずる。周知のとおり、彼は昭和一五年第二次近衛内閣の下で大政翼賛会が設立された際、その準備委員に選ばれ、さらに常任総務としてこれに参画した。翼賛選挙の前提は大政翼賛会の存在であり、翼賛選挙に反対したものがその前提条件の形成に深くかかわったのはなぜか。翼賛選挙に対する中野の反抗が激しければ激しいほど、その疑念は深まらざるをえない。ただ、中野自身の語るところによれば、表面的には積極的肯定としか思われない大政翼賛会への参加に、彼は最初から懐疑的であり、内心少なからず否定的ですらあった。それが本来拒むべきものとの不本意な妥協であることを、彼はくりかえし『東大陸』誌上で言明している。[53]また、諸政党の解党が雪崩のように相つぐ中で、東方会のみは容易に同調せず、その解散が大政翼賛会発会式を待ってようやくなされたことも、おそらくこのことと無関係ではない。

既に言及したように、この時期中野は、支那事変の長期化と混迷する政局にいらだち、「政治指導力」の確立を求めて新たな国民運動の渦中にあった。そしてその運動は、中野自身が驚くほどの反響を呼び起こし、成功裏に推移していた。「一二月八日大阪に大演説会を開く。入場料を徴して五千数百の大衆あり」。翌日の神戸でも「聴衆雲の如く」、さらに九州各地から懇請相つぎ「逐次遊説して月末に至らざれば一巡する能はざるべし」。昭和一五年、彼は自らの活動について『東大陸』誌上でそのように報告している。[54]しかもこの演説会の盛況は、東方会への入会、ひいては東方会支部の結成をもたらし、組織的な発展に結実していた。そのような状況下で、中野にとって、大政翼賛会を積極的に歓迎しなければならぬ理由は何もない。彼が、「今日の日本に欠乏せるものは、米でもなく、炭でもなく、政治指導力である」というとき、それはあくまでも「国民の最下層から汲みあげられなければならぬ[55]」。その意味で彼は、やがて大政翼賛会の象徴ともなる近衛を、「一輪の切花に過ぎない」と称し、「根がない、根がないから枯れる」とまで酷評した。[56]

しかし、もしそうであるならば、一時的とはいえ中野はなぜ近衛新体制に与《くみ》し、大政翼賛会に参画したのであろうか。昭和一五年春、ヨーロッパ戦線におけるドイツの電撃的勝利に影響されて、近衛新体制運動は再び浮揚する。そして同年六月と七月、近衛は改めて声明を発し、「新政治体制」による難局打開の意思を表明した。[57]中野自身の説明によれば、彼の近衛に対する態度変更は、何よりもこの声明によって決定づけられた。ことに、「新体制の心棒となるものは国民組織による政治力」であるとする七月の声明の条《くだ》りを、中野は、「最も痛快」と絶讃している。[58]いいかえれば、根のない切り花であった近衛が根の必要性を認めてそれを得ようと決意したという、その一点に中野は彼我相乗の可能性を見ようとした。近衛新体制は下からではなく上からの発案であり、「旧人物をも旧組織をも」含有するが、近衛にその決意があるならば、彼の合力によって真の国民組織に発展させることができるかもしれない。[59] 中野が、本来否定すべき筋合いをあえて肯定したのは、一つにはそのような彼特有の思い入れによるものなのであろう。ただ、それにしても、この中野の説明はやはりそれだけでは、あまりに一方的な楽観にすぎる。彼の語るところとはまた別に、おそらくそれは、当時の多くの国民が近衛によせた素朴ではあるが圧倒的な期待と支持に深くかかわることではなかろうか。下からの国民運動に成功しつつあった中野は、むしろそれ故に、この世論の動向に直面していわば上からの「国民運動」を一方的に拒むことができず、不本意ながらそれとの妥協を装《よそお》わざるえなかったように思われる。

いずれにせよ、近衛と近衛新体制によせた中野の期待は、ほどなくはっきりと裏切られた。それは、昭和一五年一〇月大政翼賛会発会式に際しての近衛の変心に始まり、翌年二月、大政翼賛会の非政治性を確認する政府公式見解が第七六議会に表明されたことで完結する。観念右翼から発せられる大政翼賛会「幕府論」[60]、財界からあげられる大政翼賛会「赤」論[61]、それに呼応する官僚の換骨奪胎[62]と議会の反抗[63]。そのような障害を前にして近衛の決意は早々と消え去り、高度の政治性を帯びた国民組織となるはずの大政翼賛会は、ついに「赤十字社や衛生組合と同列」の「公事結社」に変質させられるに至った。[64]「元来新体制運動は昏迷せる社会国家の最下層から自然発生[65]」すべきものであり、「政治上層」から出発すれば「官僚独善」に堕するという中野の危惧は的中した。[66] この間一年に満たぬ経過の中で、結局この変質は、翼賛会地方支部長に県知事が任命されることで決定づけられる。[67]「新体制の心棒」であったはずの「国民組織による政治力」がそこに生まれるわけはない。かくして大政翼賛会は、「官僚支配的国策会社[68]」となり、「官意民達の政府補助機関[69]」と化し、「行政礼讃会[70]」に堕した。「行政に先行する積極的政治指導力[71]」の確立を目指す者にとって、そこに留まるべき理由は完全に消滅した。[72]昭和一六年三月七日、中野は常任総務を辞任し、大政翼賛会を離脱すると共に、政治結社東方会を復活させて、本来の国民運動に立ち帰ったのである。

回り道は終わって、中野は再びもとの軌道にもどる。大政翼賛会を離脱した二ヵ月後、昭和一六年五月一日、国技館を会場として開かれた東方会主催国民有志大会は、彼のこの回帰を象徴するのにふさわしい盛会となった。会場にあふれる十数万の聴衆は、彼が培った運動の蓄積を物語っている。「真裸になりて国民大衆の中に投ぜん[73]」。二年前、衆議院議員を辞任した彼はそう叫んでこの運動を開始し、今また大政翼賛会を去って再びその原点に立ち帰った。大政翼賛会以前も以後も、日本の政治は相変わらず「喪心状態の儘」であり、支那事変は足かけ五年に及んでなお収拾のめどすら立たぬありさまであった。中野の立場に変更はなく、とりくむべき課題もまた一貫して変わらない。「諸君の飢ゆる所は政治である。諸君の悩む所は我が日本に政治なきにある[74]」と、この日の演説の冒頭に彼はそう語っている。そこでは、当然のことながら何よりもまず近衛の優柔不断がきびしく指弾され[75]、「戦争の勝利は消耗態勢の拡大に堕せんとしつつある[76]」と警告され、さらに、「今の儘では算盤は絶対に立たない」と断言された。[77]そして、そのようなひときわ激しい危機感に駆られながら、中野が最後に現状打破の方途として語ったところは、この国民運動をさらに発展させ、「国民の意気込」によって政権を規定する以外にはないということであった[78]。

冒頭にとりあげた中野の翼賛選挙に対する反発は、このような経緯と切れ目なくつながる一連のできごととして理解されなければならない。たしかにこの間に介在する太平洋戦争開戦は、彼にとって予想外の展開であり、その「夢の如き未曾有の大勝利[79]」は彼をもとらえ、「全日本人に対して日本晴れの気分を満喫させた[80]」。しかし、一時的な衝撃と興奮の去った後、やがて基本的状況に変化のないことが明らかとなる。すなわち、中国との戦いが米・英との戦いに拡大されても、政治の不在に変わりはなかった。そしてそうである限り、早晩、太平洋戦争についても支那事変についてと同じことがいわれねばならぬことになる。いかに劇的な大戦果が新たにあげられようと、それが軍事的成功に留まる限り、この戦争に希望はない。そして何ものにもまして、翼賛選挙こそこのことをはっきりと告知するものであった。東條政権の戦争指導を最も率直に示すこの施策によって、今や軍事は政治の不在をうめつくし、その絶対性を確乎不動のものとする。この未曾有の大戦争は、先行する戦争に輪をかけて、政治的戦争指導を欠いたまま、軍事的戦争指導のみによって一方的に推し進められることになる。改めていうまでもなく、それは中野が最も危惧する方向に他ならない。彼の翼賛選挙に対する激しい抵抗は、その意味で東条政権の戦争指導に対する異議申し立てであり、その挫折の後さらに企てられた倒閣運動と共に、戦争指導の主導権を政治の手に奪還しようとする戦時下唯一の試みであった。

三　第一次大戦批判

中野は、太平洋戦争を第一次大戦との対比において見ていた。彼が、太平洋戦争緒戦の勝利に影響されること少なく、早い時期から戦局の帰趨を冷徹に見すえることができたのは、このことに負うところが大きい。周知のとおり、太平洋戦争は日本が初めて体験した総力戦であった。それは、日清戦争や日露戦争とは質の異なる戦争であり、それを理解するためには、従来の基準とは別の新たな尺度が必要とされた。あらゆる歴史事象がそうであるように、総力戦理解の鍵もまたその前例の中に見出されうる。だが、その前例すなわち第一次大戦は、当時の日本の一般的認識によれば、所詮「欧洲大戦」にすぎなかった。日本は第一次大戦の当事国として、限定された周辺部の戦闘にかかわったに留まり、それを総力戦として体験してはいない。中野は、その第一次大戦中ほぼ一年半にわたってロンドンに留学する機会をえている。そして、戦後パリ講和会議に際しても再び渡欧して自ら取材にあたった。それを現地で体験し観察することによって、彼の第一次大戦観が「欧洲大戦」と異なるものになったのは自然ななりゆきであろう。すぐれたジャーナリストでもあった中野が、この機会を十分に生かして史上初の総力戦を的確に認識したことは疑いえない。彼は、新たな戦争を推し量る新たな尺度をこのようにして手に入れ、それを積極的に活用して太平洋戦争にあてはめた。彼と東條の対立はその結果であり、太平洋戦争に関する両者の認識の違いは、第一次大戦に関する見解の相違に根ざしている。これまでに見てきた太平洋戦争下の中野の言動について、ここでさらに理解を深めようとするならば、改めてそれを第一次大戦とのかかわりにおいて吟味する必要があろう。

この戦争は、従来の戦争と違って「国民の戦争」である。そのために、「全国民の能力を整頓することが列国の急務」となり、「従来よりも一層剴切《がいせつ》に全国民の主張を政治上に作用せしむる」ことが必須となった。「和するにも戦ふにも、国家の最高能率を発揮せんと欲せば、民主政治を布《し》きて全国民の能力を整頓するに非ざれば能はず」。大正七年一〇月、中野は第一次大戦の特質をそのように総括している。(81) そしてこれより約四半世紀後、昭和一七年二月、彼が翼賛選挙反対論の核心にすえたのは、他ならぬこの第一次大戦の特質であった。つまり太平洋戦争は第一次大戦と同じ性質の戦争であり、同じように戦わられねばならない。それは、好むと好まざるとにかかわらず、「国民の戦争」であり、「国民の戦争」として戦う以外に道はない。前節で述べたとおり、中野はこのことを改めて「国民的政治力」という表現によっていい表している。「国民的政治力」は、「根本的大勝利への道行きに於て最も必要なるもの」であり、これを持つ国のみが「強靭なる抵抗力、果敢なる攻撃力を発揮」する。そして逆に「これ無きものは第一次大戦以来、脆くも相つぎて土崩瓦解し去った」。「国民的政治力を有せざるカイゼルの官僚政治」は、その典型といえると。(82) このことをかつての表現にそっていいなおせば、「国民的政治力」というのは、「全国民の能力を整頓し」「全国民の主張を政治上に作用せしむる」ことで引き出される力に他ならない。「国民の戦争」は、前回も今回もそれなくして戦うことはできない。それを率直に「民主政治」と呼ぶにせよ、「民意の暢展」といいなおすにせよ、戦争指導の要諦がここにあることに変わりはなかった。既に述べたように、中野が翼賛選挙に反対した最大の理由は、それが「国民的政治力」の結集にもとるという一点につきる。このことを右の意味でさらにいいなおせば、彼の見るところ、翼賛選挙の実施は、かつて第一次大戦の敗者がたどった亡国の道筋に真直ぐ通じているように思われたのである。

中野の太平洋戦争批判は、このように第一次大戦との対比を軸として展開された。そしてそれは、翼賛選挙の後も激しさをましながらくりかえされた。日本は「カイゼル・ドイツの轍」を踏み進んでいる。この時期の中野は、自らの危機感をいい表すのにしばしばそのような表現を用いている。既に翼賛選挙に際して指摘したところではあるが、彼の眼に映ずる東條政権の戦争指導は、それ以後さらに「カイゼル・ドイツ」のそれに酷似するものとなっていった。東條政権に対する彼の批判は、それ故常にドイツ帝国亡国の経緯と引き比べ、この悪しき前例をよりどころとして語られている。例えば、昭和一七年一〇月、神田共立講堂における演説はその典型であった。「長期戦完遂」を共通主題とするこの演説会で、中野は弁士の一人岸商工相を批判の俎上にのせ、その経済統制をまさにこの論法によって切り捨てた。(83)片や「営利主義」を「英米的ユダヤ的存在」として退け、「営利」の対極として国家への「奉仕」を求め、自らの経済統制を正当化する岸商工相。片や、「営利主義」必ずしも「ユダヤ主義」ならずとし、問題の核心はむしろ一方的な上からの経済統制そのものにありとする中野。相対峙する両者の主張に説得力の差を生ぜしめたのは、岸の詭弁の粗雑さを別とすれば、やはり中野がよりどころとした第一次大戦の前例に負うところが大きい。民意を無視した官僚統制が戦時利得にまつわる腐敗を生むということは、それが四半世紀前のドイツで実際に起きたこととして語られる時、多くの聴衆にとってきわめてわかりやすい実例として傾聴された。結局、東條内閣の経済統制は「カイゼルの官僚政治」の後追いであり、現下の日本に「半官半民の寄生虫」という「ユダヤ主義」を生むものと断ずる中野は、一方的に聴衆を魅了し、壇上しばしなりやまぬ拍手と歓声につつまれたといわれる。(84)

中野の書いた東條批判の中で最も著名な「戦時宰相論」もまた、その主軸はやはり第一次大戦との対比におかれている。あるいは字面《じづら》に限っていえば、「戦時宰相論」は「ドイツ帝国亡国論」以外の何ものでもない。そこでは、東條に関して、批判はもとよりその名すら一度もあげられずに終わっている。にもかかわらず、それが痛烈な東條批判たりえたのは、そこに仕掛けられた巧妙な類推によるといえよう。表面上議論の焦点はあくまでも第一次大戦後半のドイツにおける軍部独裁にしぼられ、ドイツの敗北と亡国はもっぱらその失政の結果とされた。しかし、ヒンデンブルクもルーデンドルフも、「国民を信頼せずして、之を拘束せんとし」「国民の自主的愛国心を蹂躙して、屈従的労務を要求するものであり」、その結果、「国民的頽廃を誘致し」ついに国を亡ぼすに至ったと述べられるとき、(85)それはそのとおりの史実でありながら、同時にヒンデンブルクとルーデンドルフを東條に置きかえれば、そのまま現下の日本にあてはまる事実でもあった。そしてその上で、すぐれた「戦時宰相」としてあげられる蜀漢の諸葛孔明と日露戦争下の桂太郎がその「謹慎」さを高く評価され、「専ら君主の為に人材を推挽し」適材を適所に活躍せしめたと賞讃されるのを読むと、(86)人はいつの間にか、それとは対照的な東條の権威主義的狭量さと硬直した独善的戦争指導を胸中に思い起こすことになるのである。

中野にとって第一次大戦が太平洋戦争判定の試金石であったということは、しかし、右のような事例に限ったことではなかった。彼の太平洋戦争批判は、それとは別のもう一つの意味で、第一次大戦をくりかえしその根底に据えている。既に見たとおり、彼が東條政権に敵対した一つの理由はその戦争指導の没論理性にあった。すなわちそれは、狭い意味で軍事の論理にもとるだけでなく、軍事を手段として達成されるべき政治目的を欠いているという意味でそうであった。そしてさらに肝要なのは、このことが東條政権に限ったことではないということなのである。太平洋戦争を待つまでもなく、それはそのまま日本の戦った第一次大戦にあてはまる。日本はこの時既に、理にかなった戦争を見失っていた。中野が太平洋戦争を第一次大戦との対比において見ていたというもう一つの意味は、このことに深くかかわっている。中野は「カイゼル・ドイツ」に「国民の戦争」の敗者を見たように、日本の第一次大戦に戦争を指導しえぬ政治の破綻を見ていた。その限りで彼は、東條の戦争指導について語ったのと同じことをいち早く第一次大戦に際して語っている。彼にとって太平洋戦争の原点は、その意味で第一次大戦であり、彼の太平洋戦争批判は太平洋戦争そのものよりはるかに先んじて、この原点への批判として始められた。彼の東條に対する攻撃は、大隈や寺内や原に対する激しい反発と一つながりであり、その延長線上に生じた必然的帰結ともいえる。

「兵は国の興亡の決する所、之を動かすには、国家の根本的利害を打算し、其目的を遂行すべく、十分の覚悟を定めたる後に於てせざる可らざるなり[87]」。大正四年一一月『日本及日本人』誌上に記されたこの一節は、第一次大戦に関する中野の批判を簡潔に要約している。別の表現でいいなおせば、要は、独自の戦略の主体的な遂行ということであり、そして、日本にはそれが欠落していた。この戦争の開戦から講和に至るまで、およそ日本の戦いぶりは彼がそういわずにはいられない内容に終始している。具体的にいえば、そもそも対独参戦からしてこのことを象徴していた。この重大決定が検討不十分かつ根拠薄弱であったことは、それが日英同盟をいわば絶対的な根拠としながら、あろうことか当の同盟国イギリスから異議を申し立てられ条件つきでようやく同意されたという経緯によって、何よりも雄弁に語られている。それは、事前の外交折衝不十分というような技術的な問題ではない。中野はこの失態を、「大隈伯の軽薄と、加藤男の偏見」に由来するとみなし、両者を「酔漢と盲目」とまで酷評した[88]。

第一次大戦の後半期、大正六年寺内内閣の行った地中海遣艦もまた同じ意味で象徴的なできごとであった。この間戦争は長期消耗戦の様相を呈し、日本のおかれた状況も変わった。当初日本の参戦に異を唱えたイギリスは、今やドイツの無制限潜水艦戦におびやかされて、日本海軍の地中海出動を熱心に求める。そして、そのような求めに応じ実施された駆逐艦隊の地中海派遣は、対独参戦以上に根拠薄弱な措置であった。日英同盟の第一義的な対象地域はインド洋以東であり、それより西には及ばない。条約上の義務をこえるこの積極的関与について、当局者はついに納得のいく具体的な説明をなしえなかったのである。「現代戦争の通則」は、「自国の利害と直接関係なき地域には、一兵を動かさず、一艦を送らざるを原則とす」。「我遣艦理由は実に薄弱なり」。大正六年八月、『東方時論』誌上、中野はそのように批判している[89]。

第一次大戦に際して日本の戦いぶりがおよそ主体性に乏しかったことは、このような事例の示唆するところまず否定しがたい事実といえよう。そして、そのような場当り的な行動がくりかえされるということは、大隈も寺内も定見に欠け、責任者の間でこの戦争に関するたしかな展望と理念が確立されていなかったことを意味する。そうであるとするならば、そのような政府の不見識を厳しく批判し続けた中野は、彼自身一体どのような独自の展望と理念を抱懐していたのであろうか。その点について、一つの興味深い特徴がある。この戦争に関する彼の見解は、戦争そのものというよりむしろ戦後の情勢に関する展望から出発し、そこから逆算的に形成されている。「世界の大局よりすれば、今回の欧洲大戦乱は、日清、日露の両戦役より重大なり(90)」。彼がそのようにいうとき、その「重大」さは「大戦乱」そのものよりも、その後に列国が改めてアジアに殺到する事態をさしていた。すなわち、日本は極東に位置する地の利によって、この戦争からは距離をおき行動の自由を保つことができる。問題は一拍おいたその後、ヨーロッパではなくアジアを舞台にくりひろげられる「戦後の経済戦争」であった。列国の戦後経営がアジア市場支配の強化を主眼とすることは、既に戦時下においてその兆候は明らかであった。日本は、いやおうなく渦中に立たざるをえぬこの事態にいかに対応すべきか。「欧洲大戦乱」の意味は、まさにこの点にあり、そしてそのことを前提に据えれば、この戦争にのぞむ日本の戦い方もおのずときまる。日本はこの戦後の課題を焦点として戦時下の行動の自由を最大限に活用し、可能な限り有利な地歩を確保しなければならない。つまり、軽率な対独参戦は言語道断であり、地中海遣艦による戦争への深入りもまた論外のこととなる。

おそらく、中野のそのような見解を「力の政治」と評することは妥当であろう。第一次大戦について語る際、彼が何よりも問題としたのは、常に、「交戦列国の国力」であり、[91]「列強勢力の推移」であった。[92]「国際競争上の原則」は「実力」であること、[93]国際関係は力関係としてとらえるべきことを彼はくりかえし強調している。彼が対華二一ヵ条の要求を「火事泥主義」[94]「斬取強盗主義」[95]として否定したのも、この力の論理にもとづく判定といえる。「欧洲大戦乱」のすさまじさを知る者にとって、それはいかにも思慮に欠ける愚策という他ない。仮にそのことで日本の立場が何程か強化されるとしても、彼の予想する「戦後の経済戦争」はとてもその程度の補強でしのげるものとは思われなかった。そこに、「斬り取り」とは対照的な「融合」という発想が前面に押し出される理由がある。「腕力を以て経済的利権を強奪せんよりは、順当に談話を進めて相互の利益を享受せんこと」[96]。すなわち「日支経済の共通融合」こそ、戦後の欧米列強によるアジア支配強化に対する唯一の有効な方策とされる。いいかえれば、日本の基本戦略は、その地の利がもたらす行動の自由を活用し、日支の提携を推進充実させる以外にはない。そうして初めて「我極東における特殊の優越権」[97]もまた、正当性と有効性を獲得できるというのが中野の主張であった。

さらに別のいい方をすれば、第一次大戦に関する中野の批判は、総じて現実主義的であったということができる。政治という営みに関して現実主義という場合、それは現に存在する力関係を知悉《ちしつ》するだけでなく、理念が持つ固有の力をも理解しなければならない。換言すれば、中野がこの戦争を展望し、とるべき基本戦略を呈示したのは、力の論理のみによってではなかった。力の計算とはまた別に、そもそも何のために戦うのか。彼は、その戦略によって追求されるべき目的を一つの理念に結びつけ、そうすることで彼の主張全体に政治的現実主義の基調を与えている。具体的にいえば、彼は「日支経済の共通融合」について様々な具体的な提案を熱心に語る一方、それを欧米に対抗するアジアの連帯という理念、「汎アジア主義」に結びつけた[98]。「日本なく支那なく、単に共同の敵に脅やかされたる亜細亜民族あるのみ[99]」。あるいは、「支那の治乱と我国の興廃は相関すること左右の手の如し[100]」。そのように強調される日支提携の必然性は、辛亥革命この方一貫して変わらぬ彼の主張であり、アジア解放の使命感に結びつく。彼が日支の「融合」を説くのは、そういった理念を実現するための戦略としてであり、同時にその戦略はこの理念に裏づけられて力の論理を超えるもう一つの力を得ることになる。もとより、そのような中野好みの「汎アジア主義」だけが、第一次大戦下の日本にとってありうべき唯一絶対の理念だったといおうとしているのではない。ただ中野は、戦争を政治の世界に属する現象としてあくまでも現実主義的に認識しようとした。「算なき軍《いくさ》は決して勝たず」と彼はいう[101]。そのいい方にならえば、大義なき軍《いくさ》もまた勝てぬことを彼はよく知っていたというべきであろうか。要するに、何らかの理念を、例えば彼のいう「亜細亜共存の大計[102]」に匹敵するような何かを、もしも自らの旗幟《きし》とすることに何程かの理解と努力が示されていたならば、日本の戦った第一次大戦は、おそらく今少し主体的な独自の戦争になりえたはずなのである。

それでも日本は、第一次大戦の戦勝国にはなった。けれども、戦争には勝ったが外交で負けた。より正確にいえば、日本は、たまたま勝ち組に属することで得た僥倖を、外交の欠如によってまたたく間に霧消させた。戦時下においてその行動に主体性の乏しかった国が、戦後処理に際してにわかに豹変するということはありえない。パリ講和会議は、その意味でもまさに第一次大戦の総括といえる。「列強は畢竟国力に訴えて人道的に粉飾せる獅子の分前を確保せんとす」[103]。中野がそう予告した講和会議に、日本は「人道的粉飾」にも「獅子の分け前」にも思い至らぬまま、全く不用意に出席した。原首相には、「まあ先方の出ようにて」という「白紙主義」以外に方針はなく[104]、会議場の日本全権団は、あたかも異星人の如く不可解な沈黙に終始したともいわれる。その結果、戦後処理をめぐる外交戦に日本が無残な敗北を喫したことは、むしろ当然であった。今日ふりかえってみて、なぜ日本全権団は中国使節の動向にまったく無警戒でありえたのか、実に理解に苦しむとしかいいようがない。案の定、中国は膠州湾の旧ドイツ権益を問題にし、のみならず、日露戦争にまでさかのぼって日本の既得権益をことごとく不当とし、その回収を強硬に要求した[105]。中国使節の真意が奈辺にあったかはおくとして、問題はこれに対する日本側の反応にある。日本全権団はおよそ自らの立場を国際世論に訴えるという発想そのものを欠いていて、中国側の攻勢にさらされながらついに有効な反撃をなしえずに終わった[106]。たしかに会議の結論のみ見れば膠州湾問題は先送りされ、中国使節の主張は実を結ばず、日本の面目はとりあえず保たれはする。しかし、国際会議の席上語るべき独自の主張を持たず主体的な活動をなしえなかった日本は、戦勝国としての威信と優位を享受するより先に喪失した。「日本は被告の如き態度でパリ講和会議に引き出され、支那人から罵倒され訴えられ、アメリカから裁かれ、嘲けられ何一つ主張せずして引き下つた」。この間自ら会議の取材にあたった中野は、後日そのように語っている(107)。

このように見てくると、中野の太平洋戦争批判の原点が第一次大戦にあることは既に明らかであろう。第一次大戦は、日本近代において政治が軍事を指揮しえなかった最初の戦争であった。そしてそれが一回限りの現象として終わらなかったところに、太平洋戦争は胚胎した。確たる展望も政治戦略も定まらぬまま惰性的に軍事力を行使し続けるというあの戦いぶりは、第一次大戦から支那事変に受け継がれ増幅されて太平洋戦争へと発展する。当初は軍事を指導できぬまでもなお軍事によって無視されるには至らなかった政治が、やがて軍事の独走に直面して狼狽し、さらに軍事の独裁に膝を屈することになる。それは、政治の側の自浄能力が低く、その機能不全がついに克服されえぬまま機能麻痺へと悪化した結果であった。第一次大戦後政界に進出した中野が以後その死に至るまで一貫して追求し続けた課題は、この流れへの挑戦であったともいえよう。日本の政治のこの機能不全に対する唯一有効な処方箋は、政治の民主化以外にはない。そのような主張は、デモクラットとしての彼年来の政治信条に由来すると同時に、第一次大戦から引き出された一つの結論でもあった。中野の用語法に従っていいなおせば、それは、「国民の戦争」を知らない日本にこの戦争の属性でもある「民主政治」を導入することで、逆に「国民の戦争」をも戦えるほどに政治の機能を復活強化しようとする企てでもあった。そして、民主政治を共通項とし、政治の復権と総力戦完遂を結合しようとするこの構想は、そっくりそのまま、中野の東條批判の論理構造となる。逆にいえば、東條政権とその戦争指導は、この中野の構想の完全な裏がえしの姿であった。それは、政治による戦争指導そのものを否定し、しかも総力戦の何たるかを認識していない。中野は東條を攻撃する際、改めて新しいことをいう必要は何もなかった。彼が第一次大戦から抽出した政治革新構想は、彼の反東條に必然性を与え、東條政権誕生のはるか以前に反東條の理論武装を完了させていた。いいかえれば、この両者の対立抗争を太平洋戦争の限られた時期に限定して理解しようとすることは妥当ではない。太平洋戦争下の中野の言動は、第一次大戦以後四半世紀の経緯と一つながりのものである。太平洋戦争が日本近代の悲惨な総括であったように、中野の東條弾劾は、この間彼が展開した近代日本の政治と軍事に対する精力的な批判の総決算だったのである。

註

(1) 「中野正剛氏自殺、昨夜日本刀で割腹、中野正剛氏は二十七日午前六時渋谷区代々木町八〇八の自宅階下居間の仏壇の前で死亡してゐるのを、同家女中が発見、赤坂の前田病院長の来診を乞ふたが、すでに手の下しやうがなく代々木署に急報、東京地方刑事裁判所検事局から松城部長検事、野村検事が出張検視の結果二十六日午後十二時ごろ、日本刀で割腹、さらに頸動脈を切断し自殺したものと判明した、なほ遺書一通があつた。異変の中野邸には逸早く令弟中野秀人画伯、東部第十部隊在営中の令息達彦伍長がかけつけたほか頭山満翁、三宅雪嶺翁らが弔問に来邸した」。『朝日新聞』昭和一八年一〇月二七日付夕刊。

(2) 猪俣敬太郎、『中野正剛の生涯』、昭和三九年、黎明書房、七六〇頁。

(3) 中野泰雄、『政治家中野正剛』下巻、昭和四六年、新光閣書店、八一二頁。

(4) 緒方竹虎、『人間中野正剛』(第四版)、昭和二六年、鱒書房、四二頁。

(5) 丸山真男、『現代政治の思想と行動』、昭和四〇年、未来社、七九頁。大宅壮一、「嵐の中の人物群像」、『エコノミスト』別冊、創刊三〇年記念、昭和二七年、毎日新聞社、二四頁。

(6) 猪俣敬太郎、前掲書、七六一頁。

(7) 歴史学研究会編、『太平洋戦争史』Ⅳ、昭和二九年、東洋経済新報社、一〇七頁。

(8) 『東大陸』昭和一六年六月号、二四頁。

(9) 『東大陸』昭和一二年一二月号、一〇三頁。

(10) 『東大陸』昭和一四年七月号、三二頁。

(11) 『日本及日本人』大正四年一一月、六六八号、二五頁。

(12) 『東方時論』大正八年五月号、四四頁。

(13) 中谷武世、『戦時議会史』、昭和五〇年、民族と政治社、一六二頁。

(14)『東大陸』昭和一八年七月号、七～八頁。
(15)中野泰雄、前掲書、七二二頁。
(16)同右、六二一頁。
(17)『東大陸』昭和一七年九月号、九頁。
(18)『東大陸』昭和一七年一二月号、七頁。
(19)猪俣敬太郎、前掲書、五一五頁。
(20)『東大陸』昭和一八年四月号、四～六頁。
(21)『東大陸』昭和一七年一月号、一二頁。昭和一七年一一月号、一一頁。昭和一八年八月号、八頁。
(22)『東大陸』昭和一七年一〇月号、八頁。
(23)『東大陸』昭和一七年一一月号、八頁。中野泰雄、前掲書、六三五頁。
(24)『東大陸』昭和一八年一月号、三七頁。
(25)緒方竹虎、前掲書、四〇頁。
(26)猪俣敬太郎、前掲書、五三一～五三二頁。
(27)同右、五二九頁。
(28)同右、五三二頁。
(29)中谷武世、前掲書、一四七～一五二頁。この改正案の問題は、「国政変乱」のために協議や宣伝を処罰の対象とする点で、「国政変乱」の規定が不分明であるため、結局特定の内閣を不可侵のものとして固定化する「内閣不可侵法」になるところであった。衆議院特別委員会ではこの点をめぐって激しい論戦が展開され、原案に反対する委員の大多数が辞任するという異常な現象をひきおこした。さらにその後を受けて、三月六日、翼賛政治会代議士会が沸騰し、ついに出席代議士の過半数が原案に反対し、幹部議員を弾劾するという事態にまで発展した。

(30) 猪俣敬太郎、前掲書、五五三〜五五六頁。中野泰雄、前掲書、七二六〜七二九頁。中谷武世、前掲書、一六〇〜一六三頁。
企業整備法は、戦争遂行のために生産体系を民需から軍需へと集中転換させることを目的とする。その結果、民需に関して多くの転業、廃業を強いるものであったが、国民生活に重大な影響を直接もたらす内容であるにもかかわらず、召集された臨時議会の会期はわずかに三日、実質審議は一日とされた。それは、審議の名に価せず、政府提案の即時無条件承認に他ならない。そこに、国民の納得と支持によってではなく、ひたすら統制と管理、命令と服従によって戦争を遂行しようとする東條政権の基本姿勢が示されていた。

(31) 「神風賦」、『朝日新聞』昭和一八年六月一九日付。

(32) 森正蔵、『旋風二十年』下巻、昭和二一年、鱒書房、一二七頁。

(33) 猪俣敬太郎、前掲書、五六三〜五六五頁、五六七〜五六九頁。

(34) 同右、五六八頁。

(35) 木戸幸一、『木戸幸一日記』下巻、昭和四一年、東京大学出版会、一〇六四〜一〇六五頁。

(36) 猪俣敬太郎、前掲書、六〇三〜六〇四頁。中野泰雄、前掲書、七四七〜七四八頁。

(37) 猪俣敬太郎、前掲書、五九八頁。

(38) 同右、六〇五〜六一〇頁。

(39) 昭和一六年七月の長崎市議会選挙は、市長の瀆職事件に端を発し、市議会の紛争のため内務省から解散を命ぜられ、長崎県総務部長の市長職務管掌下に行われた。まず候補者推薦機関たる銓衡委員会がつくられ、同会により定員四四名の候補者が推薦され、銓衡委員会はさらに政治結社、翼賛市政建設期成会に改組されて選挙運動の推進にあたった。同会は、推薦以外の自由候補二二名に対して立候補辞退を働きかけ、最後まで応じなかった九名の候補者には激しい選挙干渉を行った。中野は昭和一四年に衆議院議員を辞職していたので、この時国会における発言の機会を持たなかったが、東方会所属の代議士三田村武夫は同年一一月一八日、第七七臨時議会予算委員会でこの選挙をとりあげ、次のように批判している。「私がここに恐れることは、こういうかたちで行きますと、日本の憲法政治が非常にゆがめられて行くと思う。私は選挙そのものの姿においても、大きなまちがいを犯していると思います。定員だけの候補者をつくって、それ以外に立った者は、自由候補者と称して、時局をわきまえざる不逞者だという。このあいだまでは『貴き一票を棄権するな』が選挙粛正のスローガンであったが、今度のスローガンを見ると、『理想選挙は無投票』という。無投票で定員だけ決めて議員を決める、これは憲法でいう公選ではありませぬ。憲法の精神を蹂躙するものである。……少し言葉は強くなりますけれども、面を冒して申し上げます。こういう行き方は、官僚奴隷体制となる」。猪俣敬太郎、前掲書、四六九～四七〇頁。また中野も、昭和一七年三月二五日付の恩師益田祐之あて私信で、「国家領域は益々拡大して国民は却て奴隷化せんとする情勢は断じて黙過す可らず」と述べている。猪俣敬太郎、前掲書、四七八頁。

(40)　中谷武世、前掲書、八〇頁。
(41)　猪俣敬太郎、前掲書、四七二頁。
(42)　同右、四七七頁。
(43)　中野正剛、「総選挙と東方会」、『東大陸』昭和一七年四月号、五頁。
(44)　中谷武世、前掲書、八二頁。内田建三・金原左門・古屋哲夫編、『日本議会史録』3、平成三年、第一法規出版、三八一頁。
(45)　中野正剛、「大東亜戦争下の東方会運動」、『東大陸』昭和一七年二月号、四～五頁。「総選挙と東方会」『東大陸』昭和一七年四月号、七頁。
(46)　『東大陸』昭和一五年一月号、八頁。昭和一六年三月号、六頁。同年四月号、八頁。

(47)『東大陸』昭和一四年七月号、一二～一五頁。
(48)『東大陸』昭和一七年二月号、一〇頁。
(49)『東大陸』昭和一六年四月号、六頁。昭和一七年二月号、一〇～一一頁。
(50)『東大陸』昭和一四年六月号、二頁。昭和一四年七月号、一二頁。猪俣敬太郎、前掲書、四一八頁。中野泰雄、前掲書、三八〇頁。
(51)『朝日新聞』昭和一七年五月二日付。
(52)翼賛選挙の終わった後、翼賛政治体制協議会は解散され、改めて政治結社、翼賛政治会が結成された。当初中野はこれへの参加を拒み、政治結社東方会によって闘う方針であったが、徳富蘇峰、緒方竹虎に説得されて方針を変更し、東方会は思想結社に切りかえられた。東方会員からは異議申し立てが多数中野のもとによせられ、『東大陸』昭和一七年六月号（一二～一三頁）にはこれに対する中野の苦しい釈明が述べられている。また同年五月二四日付『朝日新聞』に緒方の書いた論説「東方会翼政に投ず」が掲載され、中野の立場を擁護している。たしかに、翼賛選挙に反対しながら選挙後翼賛政治会に参加したことは一貫性に欠けるといえるが、ここであえて彼の一貫性をいうのは、中野の言動そのものがこのことによって何ら変わらなかったことを重視する趣旨である。猪俣敬太郎、前掲書、四八九～四九五頁。中野泰雄、前掲書、六一五頁。
(53)『東大陸』昭和一五年八月号、五～六頁。昭和一五年一一月号、八～九頁。昭和一六年四月号、三頁。
(54)『東大陸』昭和一五年三月号、九頁。
(55)『東大陸』昭和一五年一月号、八頁。
(56)『東大陸』昭和一四年一月号、二頁。昭和一四年三月号、一二頁。
(57)『東大陸』昭和一五年八月号、二～三頁。
(58)同右、四頁。

(59)『東大陸』昭和一五年一一月号、七〜八頁。昭和一六年一月号、三〜四頁。
(60)『東大陸』昭和一六年一月号、四頁。伊藤隆、『昭和期の政治』、昭和六四年、山川出版社、一一五頁。
(61)『東大陸』昭和一六年四月号、七頁。伊藤隆、前掲書、一一七頁。内田建三・金原左門・古屋哲夫編、前掲書、三三八頁。
(62)『東大陸』昭和一六年四月号、六頁。
(63)内田建三・金原左門・古屋哲夫編、前掲書、三四〇〜三四一頁。
(64)『東大陸』昭和一六年四月号、七頁。伊藤隆、前掲書、一一七頁。
(65)『東大陸』昭和一六年一一月号、二頁。
(66)『東大陸』昭和一五年一一月号、八頁。同年一一月号、八頁。
(67)『東大陸』昭和一六年四月号、六頁。
(68)同右、八頁。
(69)同右、九頁。
(70)『東大陸』昭和一六年五月号、九頁。
(71)『東大陸』昭和一六年四月号、八頁。
(72)「畢竟大政翼賛会は未だ全日本を率ゆべき政治力を発揮せざる以前に旧勢力や、職業右翼や、金融資本や、第五列やに惨殺されんとする運命に逢着した。」『東大陸』昭和一六年三月号、九頁。
(73)猪俣敬太郎、前掲書、四一九頁。
(74)『東大陸』昭和一六年六月号、三頁。
(75)同右、四〜七頁、一二九頁。
(76)同右、三七頁。
(77)同右、三八頁。

(78) 同右、四〇頁。
(79)『東大陸』昭和一七年一月号、三頁。
(80) 同右、二頁。
(81) 中野正剛、「国難四辺より迫る」、『東方時論』大正七年一〇月号、一一頁。「時論」、同誌、大正七年一一月号、五～六頁。
(82) 中野正剛、「大東亜戦争下の東方運動」、『東大陸』昭和一七年二月号、五頁。「総選挙と東方会」同誌、昭和一七年四月号、七頁。
(83) 中野正剛、「時論」、『東大陸』昭和一七年一一月号、七～八頁、一〇～一一頁。「天下一人を以て興る」同誌、昭和一七年一二月号、七頁。昭和一八年一月号、五～六頁、九頁。
(84) 猪俣敬太郎、前掲書、四九八頁。
(85) 中野正剛、「戦時宰相論」、『朝日新聞』昭和一八年一月一日付。
(86) 同右。
(87) 中野正剛、「露国の将来と日本の態度」、『日本及日本人』大正四年一一月、六六八号、二三頁。
(88) 中野正剛、「遥かに日本男児に檄す」、『日本及日本人』大正四年九月、六六二号、三一頁。
(89) 中野正剛、「東亜危し国危し」、『東方時論』大正六年八月号、三一頁。
(90) 中野正剛、「挙国一致の成績」、『日本及日本人』大正三年一〇月、六四〇号、二五頁。
(91) 中野正剛、『日本及日本人』大正四年一一月、六六八号、二三頁。
(92) 中野正剛、「議会解散内外多事」、『東方時論』大正六年二月号、一八頁。
(93) 中野正剛、『東方時論』大正七年一〇月号、二四頁。
(94) 中野正剛、「敢て対支同憂の士に質す」、『日本及日本人』大正五年九月、六八七号、三五頁。
(95) 同右、三六頁。

(96) 中野正剛、『日本及日本人』大正五年九月、六八七号、四一頁。
(97) 中野正剛、『東方時論』大正七年一〇月号、一二頁。
(98) 中野正剛、『日本及日本人』大正五年九月、六八七号、三五頁。
(99) 同右、四〇頁。
(100) 中野正剛、『東方時論』大正六年八月号、二六頁。
(101) 中野正剛、『日本及日本人』大正四年一一月、六六八号、二五頁。
(102) 中野正剛、『東方時論』大正六年八月号、二三頁。
(103) 中野正剛、「講和を現実に観よ」、『東方時論』大正七年一二月号、一七頁。
(104) 中野正剛、『講和会議を目撃して』(第四版)大正八年、東方時論社、六頁。
(105) 同右、六九～七一頁。
(106) 同右、七二～七六頁。
(107) 中野正剛、「出游に臨みて」、『東大陸』昭和一二年一二月号、一〇七～一〇八頁。

第四章　対支政策論——日中友好の模索

はじめに

中野正剛が、その生涯を通じて最も深くかかわった外国は中国であった。明治四四年、辛亥革命支援のため、頭山満、犬養毅らに伴われて渡航して以来、約三〇年の半生のうち彼の訪中は実に八回に及んだ。また学生時代にはぐくんだ中国人留学生との交流を彼は終生大切にし、孫文、黄興、蔣介石等をふくむ多くの中国人指導者と個人的に親密な関係を有してもいた。ただ、それと同時に、中野には中国を超える国際的な視野の広さがあった。前にも述べたように、彼は一年余の英国留学をふくむ都合三回の渡欧の経験があり、欧米の事情についても深い理解と積極的な関心を持ち続けている。現に彼の論ずる主題は多岐にわたり、決して中国のみに限られるということはなかった。が、それでもなお、彼の第一義的な関心は、やはり中国に向けられていたというべきであろう。中野がその視野を世界規模に広げ、本格的に国際問題を論じ始める主要な契機は、明らかに第一次大戦にあったが、既にその第一次大戦論の主軸が、中国問題に求められているのである。例えば、大正八年に刊行された彼の著書『講和会議を目撃して』は、第一次大戦の戦後処理をめぐる列国の外交戦を活写しながら、結局そこで日本外交最大の課題として前面にすえられているのは、他ならぬ中国問題であった(1)。いいかえれば、彼の国際認識は中国認識をふまえ、そこから出発している。あるいは、彼の欧米に対する姿勢は、中国に対する姿勢によって規定されていて、その逆ではない。世界における日本を考える時、中国は常に彼の思考の中心に位置づけられていた。

そのような中野の中国論ないし対支政策論を概観すると、それが彼の半生の前半と後半とで、著しく異なるという印象を否めない。端的にいえば、その前半において歯切れよく主張されてきた「支那保全論」が、昭和期に入るとほどなく調子を落とし、にわかに「支那侵略論」にとって代わられるかに見える。「支那保全論」は、辛亥革命以来、中野の「渝《かわ》らざる終始一貫の定論」(2)であった。支那の保全と日本の発展は、「唇歯輔車《しんしほしゃ》」の関係にあり、「列国の牛耳を執りて、隣邦支那の分割を阻止する」ことこそわが国の任務であると、彼はことあるごとにくりかえしている(3)。とりわけ、昭和四年一月衆議院予算委員会を舞台に彼の展開した論戦は、まさにその白眉ともいうべきものであった。前年六月に起きた「満洲某重大事件」すなわち張作霖爆死事件をとりあげ、三日間にわたって政府を追及した中野は、中国の統一を妨害し分裂を助長しようとする田中内閣の「対支積極外交」を「時代錯誤の軍閥的考え方」としてきびしく断罪したのである(4)。周知のとおり、彼のこの活躍は、田中義一失脚の契機となり、政権交替と内外政策の転換をもたらした。それは、わが国政治史上議会と政党が健全に機能した証《あかし》としても特筆されるべき事跡であった。しかし、そのわずか三年後、中野の主張は大きく変わる。昭和六年九月、同じ満洲における軍部の謀略を彼は一転して全面的に肯定し、積極的に支持した。彼は、関東軍による満洲全土占領を「満洲起義」と称し、

「極東における優秀権」あるいは「極東モンロー主義」をよりどころに正当化した。ここに至って「支那保全論」は影をひそめ、代わって「支那侵略論」が前面に押し出された観がある。

中野の対支政策論にうかがわれるそのような変化は、往々にして彼の政治姿勢のより包括的な変容に結びつけられ、その一部として理解される。この時期中野は、従来の議会政治、政党政治から離反し、「全体主義」を掲げて「革新」を語るに急であった。かつて「満洲某重大事件」を断罪した民政党左派の闘士は、今やナチス・シンパに変貌し、満洲事変を積極的に肯定する。つまり、この対支政策論の基調の変化は、彼の憑かれたようなヒトラー礼讃を知る者にとってむしろ当然のことと思われた。しかし、そのような解釈には少なからず問題がある。たしかに、中野のナチスへの傾倒ぶりには、人目を引かずにはおかぬ激しさがあった。けれども、今日彼の行動を改めて吟味すると、結局それは表面上のスタイルの変化にすぎず、根本的な彼の政治信条や究極的政治目的は、にもかかわらず変わってはいない。このことは、既にこれまでにいくつかの観点から論証したところであるが、この場合にも同様にくりかえし確認されうる。具体的にいえば、昭和三年、昭和六年に加えてさらに昭和一二年の中野の言動に注目する必要があろう。すなわち、満洲事変を全面的に支持した中野が、支那事変に対してはまったく裏腹な態度をとった。彼はそれをわが国政治外交の失策と断じ、以後も基本的にこの判定を変えてはいない。昭和一二年は昭和六年と一つながりではなく、満洲事変と支那事変は、彼にとって同質ではなかった。昭和六年は昭和一二年によってその意味を相対化され、「保全」から「侵略」への「転向」点たりえなくなる。換言すれば、彼の満洲事変肯定を侵略の是認とみなす場合、一旦肯定された侵略は、昭和一二年に再度否定されたといわねばならない。中野の対支政策論は、昭和三年についても、六年についても、一二年についても慎重な吟味を要する。それを一律にナチスへの傾倒に結びつけて説明することは難しいように思われる。

中野の主張の変化がそのように単純な「転向」ではないとするならば、それでは一体どのような解釈が成り立つのであろうか。問題の鍵は、彼の主張の二つの核心をいかにとらえるかにかかっている。「支那保全論」と「極東モンロー主義」は、相対峙する二つの極のように見えながら、実はきわめて密接な関係にある。中野の対支政策論は、初めから二つの主張を包摂して発展してきた。それらは、矛盾するものではなく、むしろ表裏の関係におかれ、特定の局面でそのいずれか一方が強調されたとしても、それがただちにもう一方の排除ないし放棄を意味するわけではない。そのような立論の根拠を、中野は好んで日露戦争に求める。日本の大陸進出がなければ、ロシアの脅威に対して支那の保全はなされえなかった。そして同時に、支那の保全は日本の発展の前提となった。以後、両者連関の有効性に変わりはない。「支那保全論」と「極東モンロー主義」は、その意味でコインの両面を構成する。つまり、「支那保全論」を前面に押し出して田中義一を追及した際、中野は「極東モンロー主義」を忘れはしなかったし、逆に「極東モンロー主義」をよりどころに「満洲起義」を高唱した際、「支那保全論」を放棄しなければならぬいわれはなかった。さらにはまた、支那事変についていえば、それはおそらく、それら二つのいずれに照らしても愚行と断ぜざるをえなかったのではなかろうか。

要するに、中野の対支政策論は、昭和六年を節目として変質をとげたわけではなかった。それは、表面的には激しく変化するかに見えながら、根本において変わることなく、一貫している。その限りで、彼のこの言動を政治スタイルの変化の一部とみなすことは、必ずしも間違いではない。ただ、それならば、そこで一貫して追求されている目的とは何であろうか。「支那保全論」と「極東モンロー主義」とを二つながらにふまえて、中野は一体何を追求したのであろうか。すなわち、わが国の「極東における優秀権」がもたらす「支那保全」。そしてそのようにして保全された支那をよりどころとするわが国の発展。となれば、仮にそうすることで欧米列強の侵略をはばみうるとしても、そこに貫徹される「極東モンロー主義」は、所詮日本の覇権の確立にすぎないのではないか。中野の対支政策論を検討し、彼の思い描いた中国像、あるいはあるべき日中関係を明らかにすることは、この問に答えることでなければならない。

一　「支那保全論」

昭和四年一月、中野正剛は、衆議院予算委員会において「満洲某重大事件」をとりあげ、張作霖爆死に関する政府の責任をきびしく追及した。三日間にわたる白熱した質疑のうちほぼその半ばはこの事件そのものを焦点とし、責任の所在を糾明することに費やされている。その際彼が政府追及の端緒としたのは、「事件発生の場所、満鉄線の警備を支那側に譲つたことが、事件を誘致したものであることは拒まれない」とする木下関東長官の談話であった。(5) 前年六月、張作霖の特別列車が爆破された京奉線・満鉄線の交叉地点は、満鉄沿線地域として日本の行政権下にあり、警備の責任もまたわが国に全面的に帰属する。ところが、事件当日に限ってその肝心の警備は、「支那側の申出」を理由に「支那憲兵隊」に委ねられていた。この措置の不自然さは、関東長官さえも事件発生の要因として重視せざるをえぬほどのものであった。そして、そのように不自然な措置は、当然それを講じた者への疑惑を生む。そこには、一方で、「今日、満洲に於て張作霖は誰が殺したかと云ふようなことを聞けば笑はれてしまう(6)」という状況が生じ、他方そうでありながら政府は、事件発生から半年を経てなお調査報告を果たさぬまま、この第五六議会に対しても一切の釈明を拒む方針でのぞんでいた。そのような状況下、衆議院予算委員会においてこの問題をとりあげた中野が質問の焦点を事件現場の警備問題にしぼったことは、きわめて巧妙かつ効果的であったように思われる。激しい弥次と怒号にわきかえり、混乱と中断をくりかえす審議の中で、「満洲某重大事件」そのものに関して中野が政府にただしたことは、結局たった一つのことでしかない。そもそも政府は、「此疑惑に対して如何なる手段を執り、日本帝国の潔白を証すべき行動をとつてをられるか」と。(7)そして「潔白を証す」となれば、疑惑の発生源ともいうべき事件現場の警備のあり方が重大な意味を持ってくるのは当然であろう。しかもこの警備に関する不自然な措置及びその責任という問題は、張作霖爆死事件そのものではなく、行政権ならびに警備権の問題であり、陸軍公報によっても公表されていることから、政府が調査中を理由に答弁を拒否しえぬ、いわば泣きどころなのであった。逆にいえば、三日間にわたる質疑の中で、中野がこの事件が誰によって引き起こされたのかと、ついに一度も問わなかった理由はそこにある。彼の追及はこの急所をとらえて離さず、錐をもみ込むように進められた。つまり、事件現場の警備に関してわが国当局者の判断に欠けるところがあり、そのことからわが国の名誉と威信が著しく傷つけられた以上、政府はまず何よりもこの結果に責任を負わねばならない。さらにまた、この点に関して政府が答えに窮するということは、総じて張作霖爆死事件を処理しえぬということでもある。そうであるならば、もはや現内閣の総辞職以外にわが国の「文明国としての対面」を守る道は残されていない。「田中義一君は一身の地位重きか国家の体面重きか、又皇軍の名誉重きか、其地位を抛《なげう》つことは国の為にも出来ませぬか」[8]。中野にそのように迫られて、田中首相は答弁不能におちいること実に十数回におよんだ[9]。

「第五十六議会の花」と称されたこの中野の「弾劾質問」[10]は、しかしながら、単に張作霖爆死事件のみを問題としたわけではなかった。そこでの主題は、明らかに田中内閣の対支政策そのものであり、張作霖爆死事件は、むしろこの政策の破綻を象徴するものとしてとりあげられているにすぎない。田中内閣はその対支積極政策によって一体いかなる成果をもたらしたか。鉄道問題を始め満洲にかかわる懸案三百余件は、何一つ解決されるに至らなかった。のみならず、対日感情は著しく悪化し、「日露戦争以来未だ曾て見ざる排日が満蒙の野に行われた[11]」。中野は、予算委員会質疑の冒頭においてまずそのような事実を念入りに指摘している。そして、以後一貫して第一義的な争点とされたのは、何よりもそのような現象の根底にある支那観そのものであった。明らかに彼の意図は、単純な事件の糾明でも暴露でもなく、政府に対して本格的な政策論争を挑むことだったといえる。すなわち、「東三省と云ふものと支那と云ふものを二元的に見る」支那二元観[12]。中野がくりかえし指摘した田中対支政策失敗の原因は、ひとえにこの誤れる支那観にあった。それは、絶対的な支那蔑視の表れでもあり、「支那人の劣悪なる点」を絶対視して、その自主的統一の可能性を否定し、分裂を常態とみなす見解ともいえる[13]。田中内閣の対支政策は、これをふまえ、山東出兵に始まる一連の実力行使と威嚇により、「満洲を支那本部より隔離し、之を抑圧して利権政策を実現せん」とするものに他ならない[14]。そのような田中外交に対する中野の批判は、当然のことながら、それとは異なる別の選択肢の呈示でもあった。彼は、田中内閣の「支那二元観」を否定して「支那一元観」を主張し、絶対的支那蔑視をしりぞけてその主体的な発展の可能性を肯定する。「東三省は支那の一部である。日本とは特殊の関係を有して居りますが、支那の一部である。此支那が全体的に統一される暁には、全体的に日本と親善関係、善隣関係を徹底せしむべきものと私は信じております[15]」。予算委員会質疑の第一日目、中野は自らの立場をそのように言明した。さらにまた、国会での発言に付随して『我観』誌上で彼の語るところによれば、「支那の統一は支那の現代的大勢である[16]」。支那もまた変わりうる。その独自の発展の可能性を理解し、それと提携して初めて言葉の本来の意味での対支積極政策は成り立つというのが、中野の基本的な発想であった。「日本の利益が支那の統一と矛盾すると解するが如きは、自信の欠乏から生ずる幻影である。……支那の統一と一元化とは、満洲における諸種の懸案の解決に必要の条件である[17]」。すなわち、中野が田中義一に迫ったのは、張作霖爆死事件に関する引責というよりも、対支政策の根本的変更要求であったというべきであろう。

中野は、かくのごとく中国の統一とその主体的発展を全面的に肯定し擁護した。そしてそれは、この時をまつまでもなく既に辛亥革命への支援として始まり、さらに第一次大戦下、対華二一ヵ条に対する激しい反発によっても表明されている。ことに後者について、これを「利権切取主義」として否定する彼の主張は、右に見た田中対支政策に対する批判と同一線上に位置づけられるべきものといえる。しかも、この「斬取強盗主義」あるいは「掏摸《すり》外交[18]」に彼が対置したのは、「日支経済の共通融合[19]」であった。「支那が如何なる形式に於ても、一歩富を増すことは一歩日本を利する所以である[20]」と彼はいう。そして同時に、「支那を或る程度まで抑圧せねば日本の私利が遂げられないと思う心は、対支政策の誤謬の源泉である[21]」ともいう。おそらく中野は、対華二一ヵ条に対する同時代の最も辛辣な批判者といえようが、そのような彼の主張は、単なる大隈・加藤外交の批判を超えて、さらに積極的に具体的な政策論として発展した。例えば、「軽工業対支委譲論」は、このことを知る上で恰好の事例であろう。日支合弁によるわが国軽工業の支那への移転。そうすることで、「支那の産業熱を鼓舞し」「支那の販売力を開発」し、他方日本もまた「高級の工業に向って産業の基礎を移す」ことが可能となり、「両国の繁栄は根本的に調和雁行し得べきものと[22]」なる。

大正一四年一〇月北京で開催された関税会議において、中野はこの自説を提唱すると共に、それに付随する施策として両国間の互恵条約と関税同盟の締結を併せて提案した[23]。

しかし、「支那一元観」にせよ、「日支経済の共通融合」にせよ、中野の対支政策論は、同時にまた、満洲における日本の既得権を強固な前提としてふまえ、それと矛盾なく結びつくものとして主張されている。前に見た衆議院予算委員会質疑に際して、東三省を支那の一部であると断言した時も、彼はそれが日本と「特殊の関係」を有することを忘れずに付言した[24]。さらにこの直前、『我観』に掲載された評論では、より率直に、「満洲における日本の特殊権益なるものは、日本の地理的因縁、歴史的事実、条約上の根拠に基づいて全く確定した自主的性質のもの」と述べている[25]。逆にいえば、この既得権の破棄を求める主張に対しては、彼は常に否定的な姿勢でのぞみ、その正当性を擁護してはばからなかった。大正元年、石橋湛山が経済的合理主義の観点から小日本主義をとなえ、満蒙放棄論を主張した時も、大正八年パリ講和会議において中国全権団が利権回収を主張して日本を攻撃した時も、中野はそれらのいずれもがヨーロッパ列強の侵略性を度外視し、アジアにおいて現実に起きた歴史的経緯を無視するものとして、激しくこれらに反発した[26]。そしてその際彼が自らの論拠としてくりかえし強調したのは、ロシアの膨張政策とそれに抗して起きた日露戦争であった。つまり、際限のないロシアの領土的野心を放置すれば、支那分割は必至となったであろう。日露戦争の意味はそのような事態が回避され、まがりなりにも支那が保全された点にある。そこに満洲における日本の立場の特殊性があり、その「特殊権益」は支那保全の保証を意味するということにもなる。「勿論満洲に於ける我国の特殊の地位は、幾分同地方に於ける支那の主権を侵すありとするも、そは四辺の形勢上已むを得ざるに属す。我は実に支那の全領土保全を目的とするが故に、満蒙に割拠するもの[27]」。中野はさらに、そこに「モンロー主義を東洋に移植」する正当性を見、この時期以降好んで「極東モンロー主義」という表現を用いるようになった。

中野の対支政策論の根底には、常に中国に対する深い親愛の情が流れている。この隣国に対する彼の思いは、おそらく牛込東五軒町の民友社をしばしば訪れ、卒業論文に「支那論」を書いた学生時代からのものなのであろう。長じた後もまたその思いに変わりはなく、「吾人は隣人を奴隷として之を搾取する考えを有しない[28]」という時、彼の言に嘘いつわりはなかろうと思われる。けれども、同時にまた中野は、中国に対する日本の立場と権利について、それが正当と確信される限り、はっきりと擁護しようとする点でも一貫していた。「吾人は支那に対して同情的である。寛大ならんことを欲する。正義の観念に徹底する。併し同情と寛大の奥には、越ゆ可らざる国民的自負心の難関あることを断言する[29]」。衆議院予算委員会における「満洲某重大事件」追及の直後、『我観』に掲載されたその解説の中で、彼はそのように述べている。そして、その「国民的自負心」が傷つけられる時、つまり、日本の立場が不当に侵害されたとみなされる時、彼は闘うことを辞する者ではない。その時には、「全民族的闘争か、全民族的握手か[30]」。そこに、中野の対支政策論のもう一つの特徴がある。

二　「満洲起義」

中野は、満洲事変を肯定した。昭和六年九月一八日に始まる関東軍の満洲全土占領はもとより、満洲国建国についても、その承認についても、そしてその結果生じた日本の国際連盟脱退についても、それらことごとくを支持し、積極的に擁護した。たしかに、そういった彼の言動は、わずか三年前の張作霖爆死事件に比べて著しい対照をなす。片や「満洲某重大事件」に対する激しい批判と攻撃。片や満洲事変に対する全面肯定。この変化は、一体何によってもたらされ、また何を意味するのであろうか。おそらく、最も容易に思い至ることは、まずこの間に生じた状況の変化、すなわち世界恐慌とそれによって深められたわが国の混迷、そしてその状況の変化によって惹起される基本方針の変更といった図式であろう。より率直にいえば、つまるところ「変節」の一語につきることの理解の仕方は、一見明快ではあるが、しかしやはり浅薄といわねばならない。昭和六年、事変勃発数ヵ月前、中野の語るところを確認すると、こと対支政策に関する限り、彼の主張は昭和三年前後に比べて本質的に同じ内容に留まっている。たしかにそこでは、「亜細亜ブロック」[31]というようなこれまでにない表現が見られはするが、その内容となると、かつて「日支経済の共通融合」と称され、あるいは「軽工業対支委譲論」として提言された施策と選ぶところがない。「隣邦の侵略」はくりかえし否定され、逆に「大陸支那と海洋日本」の「共存共栄」が、従来にもまして強調されている。[32] つまり、中野の満洲事変肯定は、従来と変わらぬ一貫した対支政策論をふまえてのことであった。

端的にいえば、中野の見るところ、張作霖爆死と柳条湖付近満鉄線爆破の違いは、前者があくまでも中国統一問題ないしそれに対する日本の干渉という問題であるのに比して、後者が日本の権益に対する中国の不当な攻撃に由来するという点にあった。要するに、彼が満洲事変を正当とみなす根拠は、それが理不尽な排日に対する反撃であるという一事につきる。この点に関しても、彼の主張には昭和三年と昭和六年とで変わったことは何もない。「満洲某重大事件」追及の直後、中野は、自らの対支姿勢の奥底に「越ゆべからざる国民的自負心の難関あることを断言」した。[33] そしてそれとまったく同じことが、満洲事変の直前、同様にはっきりとくりかえされている。「吾人は関税自主権の行使についても、治外法権の撤廃に就《つ》いても、同情と好意と援助とを与ふるに躊躇せぬ。然れども支那が旅大の回収、満鉄の回収、関東洲の回収を真剣に強要するに遇はば、そは今一度我が日本の国運を賭して峻拒すべきものなることを明言する」と。[34] つまり、中野の対支政策論は「支那保全」を放棄したわけでもなければ、満洲に関する権利を状況の変化故ににわかに持ち出してきたわけでもない。終始一貫変わることなく語られてきた彼の主張が、ここに至って中国側から否定されたということなのである。そのあげく、彼の警告にもかかわらず、事態は最悪の展開をとげた。「たうとう支那は日本排除の尖端を満洲に現はし来つて、帝国軍隊の守備して居る面前に於て鉄道を破壊した」[35]。「九月十八日の自衛権発動」は、当然の措置ということになる。

しかし、中野が中国の「利権回収」を不当としたのは、それが単に硬直した一方的な主張だからというだけではなかった。彼がより重大視したことは、それが中国の独自の主張であるというよりも、その背後に米・英の影が感ぜられ、中国の言動はその使嗾《しそう》によると思われる点であった。この時をまつまでもなく、対支外交は「支那問題に関する我国の対列強外交なり」[36]という認識を彼はかなり早くから持っていて、既に第一次大戦勃発直後には、はっきりとそういいきっている。ただ、彼が右のような意味で米・英の使嗾を問題とするようになるのは、やはりパリ講和会議での体験に負うところが大きい。一九一九年一月二八日、五大国会議における中国使節の一方的な「利権回収」要求は、まさにこのことを決定づけた。そこに中野が看取したものは、何よりも中国使節の主張の不公平さと、そのような主張にあえて公表の場を与えた米・英の意図であった。「利権回収」をいうならば、「何故に彼の香港を指さざる」[37]。それを等閑に付してひたすら日本のみを攻撃する中国使節。加うるに王正廷、顧維鈞と米国国務長官ランシングとの親密な関係。そういった事実を勘案すれば、五大国会議のあの展開は、米・英による「排日的講和政策の筋書」にそったものとみなさざるをえぬというのが中野の見解であった。[38] そして、この認識は以後中国で起こる排日の動向を判断する際、彼にとって動かしがたい試金石として機能し続ける。とりわけ、日本の租借期限が切迫する中で中国の対日強硬姿勢が高まっていくありさまは、「米英の筋書」なしに起こりうることとは思われなかった。彼が満洲国におけるわが国の権益の正当性を語る時、「極東モンロー主義」という表現を好んで使うのは、中国に対してというよりも、むしろその背後に向けてのことといえる。柳条湖付近満鉄線の爆破は、それ故、米・英の使嗾に乗ったという意味で、二重に許し難い中国の暴挙とみなされた。

中野の満洲事変肯定は、右のことに加えて、さらに日本外交への激しい反発によって動機づけられている。「日本は支那に対して信義が足らなかつた。もう一つ英国に対して勇気が足らなかつた」[39]。彼は、わが国外交への憤懣を後にそのように要約している。歴代日本政府は、あるいは辛亥革命を認めようとせず、あるいは二一ヵ条をつきつけ、中国に対しては傲慢なふるまいを重ねながら、他方、英国に対してはいうべきことをはっきりいえず、総じて対等の立場に立とうとする気概に欠けていた。満洲事変は、まさに日本外交のそのような失態の蓄積から起こるべくして起きた。そして、この場合も問題は再びパリ講和会議にある。あの五大国会議の経緯に関して中野が最も深刻に受け止めたことは、中国使節の言動でも米・英の画策でもなく、日本全権団がこれに対して反駁できず、自らの正当性を会議の席で主張しようとする発想そのものに欠けているという事実であった。[40] わが国の「極東における優秀権」は、これで半ば失われ、しかも、それはもう一度くりかえされてついに全面的否認に至る。パリ講和会議から二年後、先送りされた極東問題処理のために開催されたワシントン会議で、日本外交は完全に前車の轍を踏み進んだ。このことは、中野の言説とはまた別に、例えば、「日本が支那において特殊の利益を有することを承認する」石井・ランシング協定が、この会議の結果効力を失ったという事実によっても、はっきりと示されている。[41]他方、それとは対照的に、国際連盟規約がアメリカのモンロー主義を容認し、不戦条約もまたイギリスの利害緊密な地域に適用を留保されていることを考えあわせると、ワシントン会議の結果がやはり日本の外交的敗北であることは否めない。中野は、この日本外交の負の遺産、あるいは悪しき伝統を総称して「霞が関外交」と呼んだ。彼にとって政友会の田中外交も、民政党の幣原外交も、所詮「霞が関外交」であることに変わりはない。「支那に対する信義」の点では田中外交の対極を成すかに見える幣原外交も、欧米列強に対する「勇気の足りなさ」という点では、まさにこの悪しき伝統の正嫡であった。同じ与党民政党に所属する中野が、幣原外交をついに支持しえなかった理由はそこにある。換言すれば、日本外交の負の遺産を清算しようとしない限り、「支那問題に関する我国の対列強外交」に新たな展望は開けない。満洲における権益に関して幣原が企てた対支交渉は、その意味で初めから焦点のはずれた試みであった。「帝国の満蒙政策は完全に行き詰りて、手も足も出ず、旅大の奪還も、満鉄の回収も、唯時日の問題たるが如き観を呈して居た。若《も》し柳条溝の変事なかりせば、我国はどうするつもりであったか」[42]。すなわち、関東軍の行動は、外交の至らなさを軍事によって処理する緊急避難であり、義挙とも称せらるべき正当な行為ということになる。

しかし、柳条湖付近の満鉄線爆破は、中国の破壊工作ではなく、関東軍の仕組んだ謀略であった。今日、この動かしがたい事実とつきあわされるとき、中野の主張は、滑稽なまでに色褪せて説得力を失う。張作霖爆死事件をきびしく追及しながら満洲事変を肯定する彼の姿勢に不自然さが感じられ、変節の疑いがついてまわるのも、その意味ではやむをえぬところといえる。ただ、今でこそ誰しも知っている満洲事変の真相は、戦後、東京裁判の法廷で初めて白日の下にさらされた。事件勃発当時、国民は政府の公式発表を無条件に信じ、関東軍の行動を全面的に支持し、その司令官と幕僚は英雄視された。たしかに伊丹万作のいうとおり、「騙《だま》されるということ自体すでに一つの悪である」のかもしれない[43]。けれども、多くの国民がそうであったように、中野もまた事の真相を知りうる立場にはなかった。ニュルンベルク裁判を経験したわれわれが、そのナチス観をそのまま中野のヒトラー礼讃にあてはめてはならぬように、満洲事変に関する中野の言動を判断するにあたって、東京裁判によって初めて明らかになった事実をそのまま判定基準とすることはつつしまれるべきであろう。

さらに今一つ、ここで当時の国際世論についても、事実関係を確認しておかねばならない。例えば、中野が知れば少なからず驚いたことであろうが、イギリス外相ジョン・サイモン（John

Simon）の満洲事変観は、必ずしも反日親中というわけではなかった。日本の行動は国際連盟規約の原則に反してはいるが、いろいろな点を考慮すると問題の善し悪しは単純にはいえない。「これは、他国の領土に何の権利も持たない国の軍隊が、その他国との国境を越えたというような事件ではない[44]」と、彼は内閣に対してそのように報告している。また、スティムソン国務長官と親交のあったアメリカの著名なジャーナリスト、ウォルター・リップマン（Walter Lippmann）は、より率直に次のように書いた。日本の行為は「戦争」ではなく「干渉」であるが、それは「どの国でも過去にそこここで行ってきたことであり、ニカラガやハイチなどのように、われわれ自身もその例外ではない[45]」と。そしてまた、誰もが知っているリットン調査団報告書もまた、満洲における日本の「特権」に一定の正当性を認め、その限りで満洲の特殊性を肯定している。それは、日本の主張する自衛権の行使をしりぞけ、満洲国の解体を求めたが、同時に単なる原状回復では問題の解決たりえぬとした。「満洲は、中国の主権の下で、その大部分は日本人である適当な数の外国人顧問を擁する自治政権によって統治されるべきである」というのが、同報告書の提言であった[46]。要するに、中野の対支政策論は、満洲事変に関する彼の言動も含めて、一貫した整合性を保持し、国際世論に照らしても一定の説得力を持っていたように思われる。

三　支那事変批判

中野は、支那事変をわが国政治・外交の一大失敗とみなした。それは、満洲事変とは違って、中国に対する日本の無謀な圧迫によってもたらされた。支那駐屯軍は河北省、察哈爾《チャハル》省の非武装化を要求し、広田内閣の対支交渉もまた北支の特殊地域化を強硬に求めた。満洲事変を不当な排日に対する反撃とするならば、そのような日本の姿勢が北支にもたらした新たな緊張は、明らかに性格が異なるものということになる。「かくの如き要求に対し、支那の如何なる当事者がこれを承認しうるであろうか」。「日本は窮迫せる蔣介石政府の面子を蹂躙することのみ興味を持ちて、彼に何を与へ、彼より何を得るべきかの定見を有しなかった(47)」。支那事変勃発に先んじて、中野はそのように言明している。すなわち、この場合、非は明らかにわが国にあり、その逆ではない。そしてその結果生じた軍事的衝突と戦線の拡大は、遺憾ながら、彼が否定し続けた「隣邦の侵略」とみなさざるをえなかったのである。

昭和一一年一月、中野は中国視察の途上蔣介石を訪問し、南京軍官学校において三時間余にわたって親しく話合う機会を得た。日本の圧力により北支には冀東《きとう》政権、冀察《きさつ》政権が成立した直後であり、両者の会談は当然このことを中心に展開した。後日中野の語るところによれば、憤懣やる方ない蔣介石に対して彼は持論の日支融合を説いたという。そして結局、北支における「部分的摩擦」を解消するためには両国の「全面的融合」以外に術《すべ》はないとする彼の説得を蔣介石も受けいれるに至ったが、その際、蔣は「北支に於ける日本の経済関係が、若し領土的野心に変形するに於ては、吾等は全面的に武力抗争せざるを得ぬであらうと明言」することを忘れなかった(48)。それは、後に「盧溝橋事件」に関して発せられた「盧山談話」の内容とも一致する。「ひとたび最後の関頭にいたれば、われわれは〔あらゆるものを〕徹底的に犠牲にして、徹底的に抗戦するほかない(49)」という中国側の決意は、既にこの会談の中で示されていて、中野はそれを事変勃発より一年半以前に了解したのであった。換言すれば、支那事変は、実在した日支融合の可能性を消滅させる暴挙であり、「支那保全論」に照らしても、「極東モンロー主義」に準拠しても、とうてい彼の許容しうるところではなかったといえよう。

「行当りばつたりで以て戦争を始めておいて、さうして勝たうとする(50)」。中野は支那事変をそのように酷評した。もっといえば、彼のこの支那事変否定の言は、政府に対して向けられたばかりでなく、軍部に対しても向けられている。たしかに彼は、満洲事変に際して関東軍の行動を全面的に支持し、「満洲起義」と称して賞讃をおしまなかった。しかし、それにもかかわらず、軍部を見る彼の目は冷徹さを失ってはいない。満洲事変以後支那事変に至る時期の彼の言動を見ると、そこには軍部から距離をおこうとするはっきりとした意思が明白にうかがわれる。例えば、「政治家は国民大衆を通じてのみ軍部と握手すべし」「個々の政治家と個々の軍人が……彼等の単なる政治的思惑から握手するが如きことに対しては、私は絶対に反対であります」と、昭和八年一一月東方会主催の講演会において、彼はそのように述べている。(51)しかもこの距離は、北支における軍部の策動が顕在化し、新たな緊張が高まるにつれて一段と大きくなっていく。昭和一二年四月、『東大陸』誌上中野はこう断言した。「軍部は自ら政治を行う能力に乏しい。現代武器の進歩に伴う作戦用兵の術を究むるだけでも、限りある人間の精魂は消耗し尽されるからである」(52)と。そして、同月行われた衆議院議員選挙に向けて東方会が掲げた選挙綱領もまた、「政治によりて広義国防を担任し、軍部をして狭義国防に専念せしむ」とのべている。(53)そのような軍部が、にもかかわらず独断専行を重ねれば、「行当りばつたりで戦争を始める」ことにもなりかねない。それが、つまり支那事変なのであった。

中野がクラオゼヴィッツを頻繁に引用するようになるのも、やはりこの頃からのことである。(54)彼が、「戦争は異なる手段による政治の継続」というその一節によって語ろうとしたのは、一つは右にのべた軍部批判の続きに他ならないが、それ以上に今一つ、軍部を律しえぬ政府への手きびしい批判であった。たとえ軍部が「行当りばつたりで」戦争を起こしたとしても、政府がそれを「政治の継続」として受けとめ主導権をとりうるならば、問題はさほど憂うるに及ばない。ところが現実はその逆で、政府は不拡大方針を公表し種々の声明をくりかえし発しながら、軍事的既成事実に引きずられ続けた。大陸における軍事行動は、収拾のめどが立たぬまままいたずらに戦線を拡大し、「線と点以外は皆敵」[55]という泥沼の中にふみこんでいく。政治の手段たるべき軍事がその分をわきまえぬこともさることながら、軍事を率いるべき政治がその機能を発揮していない。昭和一四年二月、中野はそのような現状を指して、「政治は喪心状態の儘、時局に引摺られて居る」ときめつけた。[56]

かくのごとく、中野は支那事変に反対した。彼のこの「反戦」は、斎藤隆夫の反軍演説[57]のように有名ではないが、内実を吟味すれば、それよりもはるかに徹底していた。つまり、中野は単に軍部や政府の非を鳴らして戦争に反対するだけでなく、それを速やかに終わらせるべく具体的な方策を積極的に提言し続けた。抽象論ではなく現実に進行している戦争に臨んで、あくまでもそれを否定しようとする者の態度として、いずれがより徹底しているかは明らかであろう。ただ、そのことは、同時に中野の「反戦」をきわめてわかりにくくした。彼が戦争終結のために呈示する方策は、いずれも、その本来の意図とはまた別に、その部分だけに限っていえば、過激な主戦論とほとんど同じに見える。しかも、支那事変の長期化と共にこの傾向は一段と顕著になった。具体的にいえば、彼は既に支那事変勃発直後、政府の不拡大方針を誤りとしてしりぞけている。[58]それは、一方的な不拡大が必ずしも事態収拾にはつながらぬという意味で理にかなってはいたが、その一年後には、「事今日に至りてはやるだけの戦争をやつて片付けるが宜い」[59]というもう一歩踏みこんだ発言に変わっていく。その際掲げられる軍事的目標も、広東攻略、海南島占領、長江の支配権掌握に始まって[60]、「交戦権の発動」による中国沿岸の封鎖と租界処分へと発展した[61]。たしかに中野は、この間、「暴支膺懲《ようちょう》などといふ馬鹿なこと」[62]は一度もいわなかったけれども、このような戦略目標を次々につきつけて政府を指弾し続ける彼の言動に「反戦」を読みとることは、むしろ容易ならざることであったように思われる。

中野の支那事変反対が理解されず、あたかも侵略を鼓舞したかに誤解されるもう一つの理由は、彼がこの戦争の終結をナチス・ドイツとの軍事同盟に結びつけて構想しかつ主張した点にある。パリ講和会議以来、彼は常に中国の背後に米・英の使嗾を見ようとしてきたが、支那事変についてもこの視点を変えようとはしなかった。前述したように彼は一方で蔣介石の徹底抗戦の意思を理解したが、他方やはりその裏に米・英の意図を読みとろうともした。「日本が支那に於て排撃しつつあるものは、欧米的支配原理であつて、断じて支那民衆ではない」[63]。事変勃発直後彼は早々とそう語り、あるいはより率直に、「私は蔣介石を憎みはせぬが、彼の立つ基礎が悪い。浙江財閥、その背後の英国資本」とも述べている[64]。次々に具体的な目標を掲げて彼が主張した軍事的戦略は、その蔣介石を他ならぬ「背後の英国資本」から切り離すためのものであった。そしてそのような「外来的支配勢力」[65]を中国から駆逐するには、さらに加えて外交的世界戦略が必要となる。つまり、従来にもまして対支政策は対列強政策として世界政策であることが求められ、支那事変処理のために中国と米・英の間に楔《くさび》を打ち込もうとするならば、日本は米・英支配の世界秩序そのものと対峙する確乎とした世界戦略を持たねばならない。その意味で、ベルサイユ体制打破に成功しつつあるナチス・ドイツは、中野にとって同一の世界戦略を共有する新勢力と思われた。昭和一三年二月ヒトラーとの会見によってその確信を深めた中野は、以後ナチス・ドイツとの軍事同盟締結の最も熱心な提唱者となる。そしてヨーロッパで戦端が開かれオランダがドイツに降伏すると、彼は、「天王山は蘭印にあり、これを把握すれば大東亜地域の大勢は自ら決する」と称し、わが国の蘭印接収を主張し続けた。[66]もとより、中野の主観からすれば、それもこれも、不幸にして起きてしまった支那事変を終わらせるための方策にすぎない。しかし、その手段は、目的を一段とわかりにくくした。「蘭印取るべし」という彼の主張は、ことにナチスの侵略性が天下周知となった今日、戦争終結への意思と解されるよりは、侵略戦争への便乗とさらなる推進とみなされる可能性の方がはるかに大きいといわねばならない。

このように、支那事変に関する中野の言動には、たしかに誤解されやすい面がある。けれども、にもかかわらず、それは一つの点で一貫性を保ち、彼の対支政策論全体の整合性を維持している。支那事変を誤りと断じ、それを終わらせるために中野が一番熱心に企てたことは、結局、政治の復権ということであった。彼の表現を借りれば、「喪心状態の儘、時局に引摺られて居る」政治を正気にもどして時局を処理させるということであり、そのためには政治が国民の中に根をおろし大衆によって支えられねばならない。昭和一四年以降、中野は東方会を率いてそのための新たな国民運動を起こし、新しい大衆組織の育成に力を尽した。そのような斬新な運動と組織が政治の主体となってこそ、確乎とした国家意思が形成され、権力の行使に方向性が与えられる。支那事変を終わらせるためにはこの最も基本的な条件を満たす以外にはないという中野の判断は、正鵠《せいこく》を射ていたというべきであろう。そして彼は、このことに正面から取り組み実践した数少ない一人であり、しかも最もたしかな成果をあげた人物であった。周知のとおり、支那事変には幾度か和平の機会があった。けれども、トラウトマンの調停[67]も、宇垣一成の構想[68]も、池田成彬の試み[69]も、結局は政権を担当する者の無定見と優柔不断によって実を結ばなかった。このことを考えあわせると、政治の復権によって問題の根本的解決をはかろうとした中野の企てが、つまりは迂遠に見えながら一番の捷径《しょうけい》だったといえるのではなかろうか。昭和一四年衆議院議員を辞任し、敢然と大衆の中に身を投じて新たな国民運動を巻き起こしていった彼の活動は、その意味で最も有効な支那事変否定の追求であった。「日支親善の標語は、今日に至りても、猶ほ国民的信念として深く我々の胸の底に厳存する」[70]という彼の言は、決して嘘ではなかったのである。

むすび

中野の対支政策論は、一つとして実現しなかった。「支那保全論」はもちろんのこと「極東モンロー主義」にしても、彼の思いどおりになったことは何一つとしてなかった。それを最も象徴する事例は、おそらく満洲事変とその後の経過であろう。中野がその熱烈な支持の見かえりに満洲事変から得たものは、結局深い失望だけであった。「王道楽土」を謳う満洲国は、そのようなたてまえとは関係なく、ときと共に日本の傀儡国家としてその内容を規定されていく。「満蒙をして老朽官僚の姥捨山たらしむること勿れ[71]」。満洲国建国後二年、中野は既にそのように警告し、以後機会あるごとに「官匪の弊」「法匪の害」をくりかえし指摘している[72]。「内地官僚主義の情弊を移植する[73]」止めがたい流れは、彼の思いえがいた国造りとはおよそ無縁な現象であった。

中野が満洲国に期待しながら得られなかったことは、彼の対支政策論が実現しようとして果たせなかったあるべき中国像の雛形でもある。例えば彼はこういっている。「日本の対満政策は満蒙を取り込むことではない。満洲国を育てあげることである。日本権力が外から満洲国を支配することでない[74]」と。おそらく、この中の「満洲」を「支那」におきかえれば、そのまま彼の考えるあるべき中国の姿、あるいは日中関係のあり方になるのではなかろうか。それは、既に見た「支那一元観」「日支経済の共通融合」、あるいは日支間の互恵条約と関税同盟、そして彼が蔣介石に直接提案したといわれる両国の攻守同盟等とも一致する[75]。

さらにまた、中野の主張には、その前にもう一つ大きな前提がふまえられていた。これより十数年前、彼は大陸における日本人の現状を批判して「精神の窶《やつ》れ」を指摘し[76]、まずその「高尚なる民族性を鍛錬せねばならぬ」と述べた[77]。それはこの時期に限ってのことではなく、以後彼の対支政策論の中に一貫して受けつがれている。いいかえれば、中野が中国について論ずるとき、対象を中国に求めながら、実は他ならぬ日本と日本人に対して禁欲的ともいえる高い倫理性を求めるのが常であった。吾人は支那に領土を求める者でも隷属を求める者でもないというとき、彼は何よりもわが国政府と国民に対して、そうでなければならぬと主張しているのである。改めていうまでもなく、今日ふりかえってみて、彼の対支政策論のすべてが正しかったとはとてもいえない。それはときに判断を誤り、的はずれの内容となっている部分もある。けれども、それは、そのように禁欲的倫理性をふまえることで、低劣なエゴイズムとはついに無縁であり続けた。

中野の対支政策論は、そのような倫理性に加えて論理性と体系性をもかねそなえ、政策としては実施されなかったにもかかわらず、「論」としての価値を十分に有する。それは、その意味で石橋湛山の「小日本主義」に似ている。満蒙放棄を唱えた石橋は、当時の日本では中野以上に無視され、その主張が実際の政策に反映されることはまったくなかった。だが、それでもなお、それは倫理性と論理性と体系性において優れているが故に、貴重な少数意見として評価されるべき資格を有していた。逆にいえば、今日、石橋の主張に日本が持ちえた一つの選択肢として積極的な意味を認めようとするのであれば、その同じことが中野に対してもなされるべきである。中野の主張もまた、当時の日本が持ちえた重要な選択肢に違いなかった。しかも中野の場合は、それをただ語ったというだけではない。彼はあくまでも政治家として、その政策論を実際の政策に転化することにこだわり続け、そのためにも自ら政権を掌握しようとする努力を最後まで放棄しなかった。もとより、政策論の最終的な評価は政策に移されて初めて下されうる。その限りで中野の対支政策論は未知数という他ないが、少なくともそれは、「大日本主義」として石橋の「小日本主義」の対極に位置づけられ等しく一つの可能性としての意味を認められるべきであろう。

註

（1）中野正剛、『講和会議を目撃して』（第四版）、大正八年、東方時論社、五六〜六六頁、八一〜九一頁。
（2）中野正剛、「帝国外交の危機」『日本及び日本人』大正三年一二月、六四五号、二五頁。
（3）中野正剛、「此の無方針を奈何」『日本及び日本人』大正三年一〇月、六四一号、二三頁。
（4）中野正剛、「対支重大問題の一問一答」、『中野正剛大演説集、国民に訴ふ』、昭和四年、平凡社、一二七頁。
（5）同右、六五頁。
（6）同右、六一頁。
（7）同右、五九頁。
（8）同右、一八五頁。
（9）中村隆英氏はその著書『昭和史Ⅰ』平成五年、東洋経済新報社、八九頁においてこの中野の政府追及にふれ、「けれども野党側も政府側も、張作霖の名も日本軍人の関与という事実も公には口から出さなかったために、迫力が乏しい論戦になったのはやむをえなかった」と述べている。首相を再三にわたって答弁不能に追いつめるような論戦が迫力に乏しいといわれるのであれば、中村氏にとって迫力のある論戦というのは、一体どのようなものなのであろうか。その点は感覚の相違といえるのかもしれないが、「張作霖の名」を公には口に出さなかったというのは、明らかに事実誤認である。田中首相も中野委員も、張作霖の名は質疑応答の中でくりかえし数えきれぬほど口に出している。おそらく、中村氏は議事録ないしそれに準ずる資料を確認する作業を怠った結果、このような不正確な記述を残すに至ったものと思われる。当て推量は史家の最も恥ずべきところ。自戒のためにあえて特筆する次第。
（10）中野正剛、前掲『国民に訴ふ』、三三二頁。
（11）同右、四二頁。

(12) 同右、一三一頁。
(13) 中野正剛、「田中外交の責任解除」、『我観』昭和四年三月号、二三頁。
(14) 同右、二六頁。
(15) 中野正剛、前掲『国民に訴ふ』、四四頁。
(16) 中野正剛、「対支政策の惨敗」、『我観』昭和四年一月号、二六頁。
(17) 同右、三九頁。
(18) 中野正剛、「予定のコースなき外交の危険」、『世界政策と極東政策』、大正六年、至誠堂、二〇四頁。
(19) 中野正剛、「敢て対支同憂の士に質す」、『日本及日本人』大正五年九月、六八七号、三六頁。
(20) 中野正剛、「対支同情の徹底を怕《おそ》るる勿れ」、『我観』大正一四年八月号、六二頁。
(21) 同右、六四頁。
(22) 中野正剛、「日支融合の現実化」、『我観』大正一五年一月号、一七〇頁。
(23) 同右、一七〇頁～一七二頁。
(24) 中野正剛、前掲『国民に訴ふ』、四四頁。
(25) 中野正剛、前掲「対支政策の惨敗」、二九頁。
(26) 中野は石橋湛山の名をあげてはいないが、「余は経済言論界のオーソリチーと目せらるる某雑誌の紙上に、代表的とも云ふべき小国家主義の主張を見たり」とし、これを「実に専門家の愚論」ときめつけた上で、ていねいに反論している。中野正剛、「大国大国民大人物」、『日本及日本人』大正二年一一月、六一八号、二三頁。
(27) 中野正剛、「日本帝国の使命」、『日本及日本人』大正三年九月、六三九号、一一九頁。
(28) 中野正剛、前掲「対支同情の徹底を怕るる勿れ」、六四頁。
(29) 中野正剛、前掲「田中外交の責任解除」、三六～三七頁。

(30) 同右、三七頁。
(31) 中野正剛、『沈滞日本の更正』、昭和六年八月、千倉書房、一一三頁。
(32) 同右、二三頁。
(33) 中野正剛、前掲「田中外交の責任解除」、三六～三七頁。
(34) 中野正剛、前掲『沈滞日本の更正』、一〇〇頁。
(35) 中野正剛、『国家改造の指標』、昭和八年一一月、東京講演会、一七頁。
(36) 中野正剛、「大戦乱と国民の覚悟」、『日本及日本人』大正三年九月、六三八号、二八頁。
(37) 中野正剛、前掲『講和会議を目撃して』、八八頁。
(38) 同右、六四～六五頁。
(39) 中野正剛、「日本の動向を決定せよ」、『東大陸』昭和一四年七月号、二三頁。
(40) 中野正剛、前掲『講和会議を目撃して』、七一頁。
(41) 池田十吾、『石井・ランシング協定をめぐる日米交渉』平成六年、近代文芸社、七一頁。
(42) 中野正剛、「時論」、『我観』昭和九年一一月号、一三頁。
(43) 伊丹万作、「戦争責任の問題」（昭和二一年四月）『伊丹万作エッセイ集』、昭和四六年、筑摩書房、七八頁。
(44) クリストファー・ソーン（Christopher Thone）著、市川洋一訳、『満州事変とは何だったのか』（原題、The Limits of Foreign Policy. The West, the League and the Far Eastern Crisis of 1931～1933, 1972, London）、上巻、平成六年、草思社、二四七頁。
(45) 同右、二三三頁。
(46) 同右、下巻、一一六～一一七頁。
(47) 中野正剛、「時論」、『東大陸』昭和一二年九月号、四頁。『我観』昭和一一年五月号、一四頁。

(48) 中野正剛、「時論」、『東大陸』昭和一二年九月号、四頁。
(49) 「蔣介石の廬山談話」、『日本史資料』5、現代、歴史学研究会編、平成九年、岩波書店、七六頁。
(50) 中野正剛、「出游に臨みて」、『東大陸』昭和一二年一二月号、一〇三頁。
(51) 中野正剛、前掲『国家改造の指標』、一二二頁。
(52) 中野正剛、「時論」、『東大陸』昭和一二年四月号、四頁。
(53) 中野正剛、「東方会は斯く進む」、『東大陸』昭和一二年五月号、九頁。
(54) 中野正剛、前掲「出游に臨みて」、一〇三頁。
(55) 中野正剛、前掲「日本の動向を決定せよ」、三三頁。
(56) 同右、一二頁。
(57) 中野正剛、「時論」、『東大陸』昭和一五年四月号、五〜六頁。
(58) 中野正剛、「時論」、『東大陸』昭和一二年八月号、三頁。
(59) 中野正剛、「対外国策を強化せよ」、『東大陸』昭和一三年八月号、一五三頁。
(60) 同右、一四八頁。
(61) 中野正剛、「時論」、『東大陸』昭和一四年六月号、七頁。
(62) 中野正剛、「東方会の発展的進出」、『東大陸』昭和一四年三月号、二一頁。
(63) 中野正剛、「国民よ起て」、『東大陸』昭和一三年四月号、四三頁。
(64) 中野正剛、前掲「対外国策を強化せよ」、一四六頁。
(65) 中野正剛、「東亜の雰囲気を制圧せよ――八月八日ラヂオ放送――」、『東大陸』昭和一三年九月号、二頁。
(66) 中野正剛、「時論」、『東大陸』昭和一五年一一月号、六〜七頁。
(67) 劉傑、『日中戦争下の外交』、平成七年、吉川弘文館、一五〇頁。松浦正孝、『日中戦争期における経

済と政治』、平成七年、東京大学出版会、一六～一七頁。
(68) 松浦正孝、前掲書、一六二、一六七、一七三、二四三頁。
(69) 同右、二四八～二四九頁。
(70) 中野正剛、前掲「東亜の雰囲気を制圧せよ」、二頁。
(71) 中野正剛、「時論」、『我観』昭和九年一一月号、一二頁。
(72) 中野正剛、「時論」、『我観』昭和一一年五月号、八頁。
(73) 同右、八頁。
(74) 中野正剛、「時論」、『我観』昭和九年一一月号、五頁。
(75) 中野正剛、前掲「日本の動向を決定せよ」、二六頁。
(76) 中野正剛、『満鮮の鏡に映して』、大正一〇年、東方時論社、二二〇頁。
(77) 同右、二二五頁。

第五章　もう一つの目眩《めくら》まし――『人間中野正剛』は「友情の書」か

はじめに

昭和二六年末、緒方竹虎が著した『人間中野正剛』は、まず何よりも、きわめて多くの読者を得たという点で、中野関連文献中特異な位置を占めている。筆者手元のそれは、翌二七年一月二〇日発行第四版であるが、その奥付を見ると、再版発行が初版から約二週間後の一月一〇日、第三版が同月一五日と、ベストセラー第二位にふさわしい増刷ぶりが記されている[1]。講和条約締結直後のこの時期、あの戦争に関する真実を知ろうとする人々の意欲は旺盛で、八年前戦時下に自決した中野についても改めて積極的な関心がよせられたものと思われる。そしてそれは、そのままこの著作の持つ一つの力となった。中野に関して書かれたものの中で、これほど多くの人に読まれたものは他にはない。いいかえれば、以後今日に至るまで広く世に行われている中野正剛像は、緒方のこの一作によって規定されているといっても過言ではないのである。

それでは、当時この書はどのように読まれ、いかなる印象を人に与えたのであろうか。例えば辰野隆は、『朝日新聞』書評欄にこう書いている。「一言にしておおえば、これは正に友情の書と呼ぶべきものである。本書を読んだ人々はだれでも必ず中野正剛以てめいすべしと思うに相違ない。竹馬の友でもあり、親友中の親友でもある緒方氏が亡き友のために、少年時代から自刃に至るまでの生涯とひととなりとを……世に紹介し、かつ中野氏自身をして語らしめている」と。[2] ちなみに『人間中野正剛』の構成についていえば、そのB六判二三九頁中三分の二は中野の文章の収録であり、緒方自身の文章は残り約三分の一。辰野が「中野氏自身をして語らしめている」というのはそれ故であるが、緒方は中野の文章を解説しそれに依拠しながら、不可解とされる中野の行動をときあかすという手法をとっている。そして、「緒方氏は中野氏の長所と短所を明察して論評しているが、その短所をも温情をもっていたわり、努めてその長所を発揚するところに深厚な友誼のみならず、君子の欣懐さえうかがわれる」と辰野はいう。[3] 辰野のみならず、これを「友情の書」とみなす受けとめ方は他のいくつかの書評にもうかがわれ、恐らく一般の読者の間でも少なからぬ共感を得たものと推測される。しかも、このことはこの一時期に限ってのことではなかった。昭和六三年、『人間中野正剛』は三七年ぶりに中公文庫として翻刻されたが、その裏表紙には、「のち自由党総裁となった無二の親友が、痛恨の思いをこめて追懐する」と記されている。[4] それは、世代をこえて新たな読者にも「友情の書」としてとどけられたのである。

ただ、そのように好意的な世評が圧倒的な中で、にもかかわらずそれが総てというわけではなかった。そこにはもう一つ別の、注目すべき事実がある。好評を博したこのベストセラーに対して、驚くほど激しい反発の声がほぼ同じ時期にあげられていた。しかもそれは、緒方とはまた違った意味で中野の影響を直接受け中野をよく知る人々、ことに旧東方会員の間で顕著だったといわれる。

その一人猪俣敬太郎は、昭和二七年『中野正剛と緒方竹虎』と称する小冊子を出版し、緒方の著書に対してはっきりと異議を申し立てた。具体的にいえば、その中で猪俣は前にあげた辰野の書評を「とんでもないヤブニラミ」と称し、緒方の中野観は「皮相、浅薄であるばかりでなく、時に甚しく歪曲し捏造している」と断言してはばからない。[5] 緒方の指摘する中野の短所はほとんどが誤解であり、中野の主張と行動の中に「変節改論」を見るに至っては、「最後まで政治的行動をともにした中野門下の黙しうるところではない」[6]。それは「友情の書」どころか、「歪曲、捏造の書」とでも称すべきものということになる。

猪俣に象徴されるこのような異議申し立ては、しかし、当時ほとんどとりあげられることなく、注目されずに終わった。それによって緒方とその著書が何か重大な影響を及ぼされたとは、とうてい思われない。旧東方会員にせよ「中野門下」にせよ、所詮は過去形で語られる少数派に過ぎず、その声がいかに激しかろうとも、とどく範囲は自ずと限りがあった。また内容の上でも、猪俣の主張は、事実関係に関する客観的裏づけが十分とはいいがたく、否定のための否定という印象をぬぐえない。およそ論理性にとぼしい感情論に十分な説得力の生ずるわけもなく、緒方の著作と対置されれば、それが量的のみならず質的にも、批判の対象を越ええぬことは歴然としている。ただ、このことは、必ずしも猪俣あるいは旧東方会員の非力さ故とはなしえない。そこにはもう一つ、時代状況ということがある。戦後処理がようやく一段落したこの時期、中野の主張と行動はなお生々しい過去であったばかりでなく、それを客観的に解明するための学問的条件もまた不十分であった。太平洋戦争に至る包括的な現代史研究そのものがようやく始まろうとしている状況の中で、中野正剛の歴史像のみがそれとは無関係に確立されるはずもないのである。

昭和二七年一月一四日発行の『図書新聞』は、『人間中野正剛』をとりあげ、その短い書評を次のようにしめくくっている。「政治家としての正剛の足跡を辿るべき今日ではなく、著者と正剛との友情の書として読まるべきであろう[7]」と。しかし、以後約半世紀が過ぎ去って、状況はあらゆる意味で大きく変わった。ことにこの間、現代史研究は多彩な発展をとげ、様々な史実が明らかにされてきている。中野の主張と行動についても客観的に吟味し、その歴史的意味を確認しうる条件がととのったといえよう。今やわれわれは、『図書新聞』の評言をそのまま肯定形に改めて用いることができる。正に、「政治家としての正剛の足跡を辿るべき今日」なのである。すなわち、緒方も猪俣もなしえなかった中野正剛研究が可能となった今、『人間中野正剛』もまたこの新たな条件のもとで改めて読みなおされるべきではなかろうか。それは、この「友情の書」がもたらした中野像の再検討であると同時に、その著者緒方竹虎をも、一個の人間として吟味するということになるであろう。

一　明白な事実誤認

『人間中野正剛』の中で緒方が中野について語っている文章には、二件、きわめて明白な事実誤認がある。その一つは、大正九年中野が国会選挙に初当選したときの所属政党について。今一つは、昭和一七年一二月に中野が行った演説の題名についてである。まず前者に関して緒方はこう述べている。「中野君は学生時代から犬養木堂の門に出入し、大正九年初めて代議士に当選した時も革新倶楽部員としてであった(8)」と。しかし、これは明らかにまちがっている。まず、この国会選挙に際して犬養がひきいていた政党は、国民党であって革新倶楽部ではない。たしかに、初当選したこの選挙で中野は犬養の応援を受けてはいるが、無所属の候補者として立候補し、当選後も無所属倶楽部に所属していた。この二年後大正一一年に、犬養のひきいる国民党が解党し、中野の所属する無所属倶楽部と融合して新たに結成されたのが革新倶楽部である。当然のことながらそれは、大正九年にはまだ存在していない。国民党が革新倶楽部ととりちがえられた上に、初当選した中野がそれに所属していたとする二重の誤りが犯されている。この文脈で緒方がいわんとするところは、中野が犬養ときわめて親密な関係にあり、その政界入りも犬養直属の形でなされたということであった。革新倶楽部員として代議士に初当選したというのは、そのような意味で語られている。しかし、客観的事実に準拠すれば、そうはいえないということになる。つまり、この党名誤認には、単に政党の名称をとりちがえたという以上の意味がある。それは、中野と犬養の関係について正確な認識を妨げ、誤解を招くといっても過言ではない。そして、後に改めて述べるように、中野と犬養の関係は、緒方が描く中野像の重要な構成要素の一つなのである。さらにもう一件、演説の題名に関しては、こう書かれている。「中野君は昭和十七年十二月、日比谷公会堂の演壇に立ち『天下一人を以て興る』といふ題下に熱火の広長舌を揮った[9]」。また別の箇所では、「中野君が昭和十七年十二月、『天下一人を以て興る』と題する講演を日比谷公会堂でやったのが東條軍閥の忌諱《きい》に触れて先ず舌を封ぜられ……[10]」とも記されている。いずれも、昭和一七年一二月二一日、日比谷公会堂における東方会演説会で中野が行った東條弾劾演説のことをいっているのであるが、その題名が違う。「天下一人を以て興る」は、この約一ヶ月前、同年一一月早稲田大学大隈講堂において早大生に対して行った演説の題名。日比谷公会堂で行った東條弾劾演説の題名は、「国民的必勝陣を結成せよ」であった。「天下一人を以て興る」は、中野が行った数多くの演説の中でも名演説といわれ、最もよく知られている。またそれは、全文を『東大陸』に掲載されている点でも稀な例であり、題名はもちろん、内容についても容易に確認することができる。他方、「国民的必勝陣を結成せよ」は、戦時下でなされた東條独裁政権弾劾演説であり、中野の最後の演説でもあった。その題名が忘れられたりとりちがえられたりするには、あまりに特別な演説だったのではなかろうか。

たしかに、思い違いということは誰にでも起こりうることで、それ自体奇異なことではない。けれども、緒方は生粋の新聞人であった。事実の持つ重さと、それを誤認することの重大さについては身にしみて承知しているはずなのである。なぜ緒方ほどの者が、このような誤りを犯したのであろうか。この点いかにも腑に落ちない。ただ、そのような思いを払拭できぬまま、『人間中野正剛』を改めて読みなおしてみると、この疑問とはまた別に、これら事実誤認それ自体は叙述全体の中に違和感なくおさまっていることに気づく。それは、恐らく一般読者には疑われることなく素直に受けいれられるであろうという以上に、もう少し深い意味でそのようにいえる。いいかえれば、この事実誤認は、行論の過程で心ならずも派生したというにはあまりに自然で、むしろそれによって行論そのものが説得力を増しているようにすら思われる。となると、果たして緒方は単に思い違いをしたといえるのかどうか、そのこと自体一考を要するということにもなろう。

緒方が犯した事実誤認をどのように理解すべきか。それは、偶然の所産か、意図的な作為の結果なのか。その答えをうるためには、事実誤認そのものにこだわるよりも、むしろこの叙述全体の構図に着目することが必要であろう。そしてその構図の中でこの事実誤認がどのような位置をしめているのか、その位置づけを確認することが肝要であるように思われる。そこのところがはっきりすれば、われわれの疑問は自ずと解明されるのではなかろうか。もっといえば、叙述全体の構図というのは、緒方が描いた中野正剛像の骨格といいかえてもよい。問題の事実誤認がその骨格のどの部分にどのように組みこまれているのかはっきりすれば、それがただの思い違いか意図的歪曲なのか、いやおうなく明らかとなる。そしてそれと同時に、骨格の一部に組みこまれた虚偽は、部分の虚偽にどとまるのか、全体の虚偽に結びつくのか、その点もまた明らかとなるであろう。いずれにせよわれわれは、この二件の事実誤認を手がかりとして、『人間中野正剛』とそこに描き出されている中野正剛像の吟味に着手しようとするものである。

二　「メリー・ゴー・ラウンド」

緒方は、政治家としての中野の行動様式を「メリー・ゴー・ラウンド」すなわち回転木馬と称した。このことは、昭和二三年『日本公論』に寄せた一文の中で既に述べられているが、『人間中野正剛』でもくりかえされ、改めて強調されている[11]。つまり、緒方の見るところ、中野はあまりに高い政治的理想像を追い求めたために、自縄自縛におちいり、終生そこからぬけ出せなかった。例えば中野は、西郷南洲や大塩平八郎を好んで自らの手本としたが、それらは、実は彼自身の手によって実在の人物よりはるかに理想化されたものであった。ことに文才豊かな中野の筆にかかるとそれは際限なく美化され、その美しさ故にさらに熱心に追い求められ、追い求められるが故に一段と美化されるという果てしない循環が形作られる。それはちょうど回転木馬に乗るようなもので、何度回転して先に進んでも、先行する木馬とのへだたりはいかんともなしがたい。それでも中野は、「天下を導き蒼生を救はんが為に」[12]前を行く木馬、西郷や大塩に追いつこうとして、その一生を「憂患の裡に過した」[13]。この「メリー・ゴー・ラウンド」の証左として、緒方は中野の書いた二つの文章、「西郷南洲」と「大塩平八郎を憶ふ」を四十数頁にわたって全文収録し、読者の閲覧に供している。

そのような意味で回転木馬にたとえられた中野の行動様式は、また、「英雄主義」ともいいかえられている。そしてそこから生まれるものは、「波瀾を極めた政界遍路」[14]であった。中野の政治経歴を一瞥すれば誰しも気づくとおり、彼は実に頻繁に所属政党を変えている。無所属倶楽部から革新倶楽部を経て、憲政会改め民政党、国民同盟、東方会と、およそ十年と続いたところは一つもない。先行する木馬を追い続け、「英雄主義」をひたむきに実践する中野は、「直情」のおもむくまま「牢騒心」に駆り立てられて現状打破をくりかえし企て、所属する党派も提携する政治指導者も次々に変えていったというわけである。しかし、そのような中野の行動は、緒方の目からすれば政治的に所詮不毛であった。だから、「中野君の一生は修道者の一生であった[15]」「彼は天性政治家でなかった[16]」。それが緒方の中野に関する基本認識なのである。

前節で言及した中野と犬養の関係は、この「波瀾を極めた政界遍路」を説明する上で、あたかもその縮図のような、恰好の事例とされている。中野の犬養に対する賛美と提携、そしてやがて訪れる幻滅と絶交。ここでも緒方は、この傾倒と離反を中野の文章によって裏づけようとする。その一つは、明治四四年『朝日新聞』に連載された「朝野の政治家」中「犬養毅氏」の全文。今一つは、大正一三年孫文の訪日に際して書かれた「亜細亜の風雲児孫文」の抜粋。前者は、桂園体制の下で民党指導者の奮起を促すいわば檄文であったが、そこにあげられた十名の政治家中独り犬養のみが不屈の闘志と志の高さを賞賛され、全面的な支持を与えられている。片や後者は、その対極をなす断罪の書。そこで犬養はその堕落と変質をなじられ、孫文と面談する資格すら剥奪されている。緒方によれば、正にこの一八〇度の転換こそ、中野が犬養を「西郷や大塩」に引き比べ「甚だ物足らなく」なった結果であった[17]。そして、この身も蓋もない変わりようについて緒方の率直な感想がこう続く。「早稲田の破れ書生時代から革新倶楽部時代までの犬養、中野の関係を知る者をして顔を背けしめずに措かないであろう[18]」と。

しかしながら、右の文章二篇に加えて、中野が犬養について様々な機会に書き残した多くの文章を併せ読めば、この緒方の説明には無理があるとせざるをえない。端的にいえば、犬養に対する中野のかかわり方は、緒方のいうような「英雄主義」によって規定されていたとはとうてい思われない。両者の関係は、そのように主観的で一方的な思い入れによってではなく、はるかに客観的で冷徹な政治信条の一致にもとづいていた。例えばそれは、立憲政治の確立と発展を求めるということであり、またそのために議会政治、政党政治を積極的に肯定するということでもあった。たしかに中野は犬養に私淑し、犬養が世論の攻撃を受けて窮地に立たされた時にも敢えて彼を擁護し続けているが、しかしその判断はあくまでもこの原則的一致に準拠して下されている。逆にいえば、それとは対照的に重大な政治原則をめぐって両者が見解を異にする場合、当然そこには対立と抗争もまた生まれた。例えば、選挙権の拡張を是とするか非とするか。立憲政治の確立と発展を求める点は同じであっても、一方で中野がこれを新たな戦略として積極的に肯定するのに対し、他方犬養は頑な否定の姿勢を崩そうとしない。中野が犬養のひきいる国民党に加わらなかったのはそれ故であり、逆に両者が合流して革新倶楽部を結成したのは、犬養がついに方針を変え、普選を肯定して主要政策に掲げた結果だったのである。

要するに、「早稲田の破れ書生時代から革新倶楽部時代までの犬養、中野の関係」は、決して緒方のいうような親密さだけのものではなかった。そこには、原則の一致故に確乎とした絆があると同時に、それと平行して不一致故の対立や反発もはっきりと確認されうる。そしてこのことは、両者の関係断絶についてもそのままあてはまる。それは満たされぬ英雄幻想の破局として説明されうるようなことではなく、あくまでも政治原則に関する不一致が行きついた一つの結末であった。具体的にいえば、中野が「久しく犬養氏指導下の革新倶楽部に止ることをせず[19]」憲政会に入党したのは、ひとえに犬養が「革新」の大義を捨て去った結果に他ならない。犬養によって強行された「政・革合同」、それが訣別の決定的理由であると、中野は犬養にあてた書簡の中で明言している。[20]緒方が引きあいに出した中野の文章に話をもどせば、「亜細亜の風雲児孫文」の中で中野が犬養を指弾したことも、根拠のない中傷とはなしえない。

興味深いことに、そのような犬養の変節については、実は他ならぬ緒方自身、相当に手きびしく批判している。時間的には相前後するが、この六年後の昭和五年、ロンドン軍縮条約をめぐる犬養の言動について緒方は次のように書いた。「何が拙いといって、ロンドン軍縮条約の枢府会議決定の日にわざ〳〵臨時大会を開いて統帥権干犯論をやった犬養総裁の演説ほど、近来の出来損ひはなかった。……少くもあの演説によって、犬養および政友会の輪郭が甚だ不明瞭なものになったことだけは争はれない。犬養には宿年の経済的軍備論があった筈だのに、それと統帥権干犯論の思想とはどう一致させるのか[21]」。いいかえれば、これが革新倶楽部を解党して政友会に合流し、やがてその総裁となった犬養の姿なのである。「革新」の大義を放棄した彼には、もはや権勢欲以外の何ものも見出されえない。政権奪取を自己目的化し、統帥権干犯をいいたてる犬養は、緒方の目にも往年の民党指導者の姿からはっきりとかけはなれて見えたのであろう。そしてそれは、「亜細亜の風雲児孫文」の中で中野が「近来理想を棄てて工作に忙はしい[22]」と難じた犬養に直結している。その間、若干の時間のずれがあるにせよ、かつて中野が指摘した犬養の悪変は、今や緒方によっても認識されたということになる。また、この認識の一致は、当然、中野が犬養から離反した理由についても一定の理解を促さずにはおかないはずである。このように見てくると、中野と犬養の関係に関する緒方の説明には、やはり無理があるといわざるをえない。そしてそうであるならば、さらに広範な中野の政治活動全般についても、緒方の説明は事実に即しているとはいいがたい。「英雄主義」も、「波瀾を極めた政界遍路」も、「メリー・ゴー・ラウンド」も、にわかに説得力を失ってぼつかなくなる。別のいい方をすれば、恐らく話は逆なのではなかろうか。まず初めに確定していることは、中野正剛をどう描くかという構想なのであろう。そして、この構想を成り立たせる核心に、中野と犬養の関係がすえられる。従って中野・犬養関係の説明は、先行するこの構想によって規定されていてその逆ではない。つまり、その一生が「修道者の一生」であるような、「天性政治家でなかった」中野正剛像がまず無前提に構想されていて、中野と犬養の物語はこの構想を絶対条件として語られる。それが、この著述の実際の段取りだったように思われる。

緒方は、犬養の悪変ぶりを批判したことからも明らかなように、中野が犬養を見限った本当の理由を理解していたはずであり、のみならず、中野・犬養関係の実体について最もよく知りうる立場にあった。しかし、彼はそのような実像を描こうとはせず、あくまでも「英雄主義」によって規定された虚像をまことしやかに呈示した。前節でとりあげた事実誤認の一つは、この虚像に生じたほころび、あるいはゆがみとでもいえようか。国民党を革新倶楽部ととりちがえ、さらに代議士初当選に際して中野がそれに所属していたとする二重の事実誤認。しかし、そうしてこそ、中野、犬養のべったりとした親密さを語ることができ、その破局という虚構を描くことが可能となるのである。逆に少しでも事実に忠実であろうとすれば、それは全く不可能となる。例えば、代議士初当選の中野が革新倶楽部でも国民党でもなく無所属の候補者であったこと。きわめて単純なこの事実一つとってみても、そのことを認めたとたんに、必ずや中野・犬養関係の実像が浮かびあがってきてしまう。それが常に距離感と緊張感をともなう関係であったとなれば、緒方が描こうとする中野正剛像の核心としてはとうてい使いものにならない。純粋で情熱的で誠実な人間ではあっても、「天性政治家でなかった」中野の人物像を成立させるには、その核心にすえるべき中野・犬養関係は、そのように不都合な事実を一切しめ出し、都合のよい虚構とせざるをえない。要するに、この事実誤認は、単なる思いちがいでも迂闊な言いちがいでもなく、計画的で意図的な作為の結果と判定されるべきであろう。

三　「変節改論」

『人間中野正剛』の主要な眼目の一つは、中野の変身をどのように説明するのかということである。すなわち、議会政治、政党政治の闘士であった中野が、なぜヒトラーを讃美し、ナチス・シンパに変じたのか、最も不可解とされるこの中野の行動を説明すること。緒方はそれをきわめて明瞭に、中野の「変節改論」であると断言した。(23) そして、さらにそれを再びあの行動様式、「メリー・ゴー・ラウンド」や「英雄主義」に結びつけて、中野の全体像の中にとりこもうとする。しかし、既に見たとおり、緒方のいう中野の行動様式なるものにはいささか難点があり、それをよりどころとする処理がどこまで有効といえるのか疑問とせざるをえない。ここではむしろ、緒方の説明の仕方を別の角度から吟味し、その問題点を検討することが妥当と思われる。結論を先取りしていえば、そこには前に指摘したような事実誤認は見出されない。あるのは事実の極端な一面化。そしてその結果生ずる事実歪曲の可能性なのである。

中野は、なぜ「変節改論」したのか。緒方はその理由を中野の「アジア解放の思想」に求める。

つまり、欧米列強の植民地支配からアジアを解放しようと念ずる中野は、第一次大戦後の世界秩序ベルサイユ体制を拒絶するナチスに強い共感をおぼえた。一言でいえば、旧世界秩序否定と新世界秩序志向、それが中野とナチスの接点とされる。そして、中野にこのことを一段と強く自覚させた契機はパリ講和会議であり、とりわけその際出会った「ガンバシチなる一国際説客」の影響が決定的な意味を持つ。この「ガンバシチの国際現状打破論が若い東洋の一熱血児に影響を与へたことは争へなかった。この中野君の中に燃えるアジア解放の思想が彼の日独伊同盟論の何等かの機縁をなしたことは容易に想像される(24)」。これが緒方の説明である。そしてそれは、事実なりや否やといえば、事実ではある。ただ、問題は、事実の選び出し方であり、選んだ事実の結びあわせ方なのである。

たしかに、中野はパリ講和会議から衝撃を受けた。しかしそれは、緒方のいうような「ガンバシチの国際現状打破論」によってではなく、より深刻かつ生生しい日本外交敗北の現実によってであった。大正八年一月二八日、わが国全権団は、五大国会議に招致された中国使節によって激しく攻撃され、日露戦争以降の中国における全既得権益返還をせまられながら有効な対抗措置をとりえず、十分な反論すらなしえなかった。その結果、主要戦勝国としての日本の立場はもろくも崩壊することとなる。現地において事の顚末を目のあたりにした中野は、「悲憤慷慨して狂さんばかりにも見えた」といわれる(25)。『東方時論』に送付された特派員報告も、帰国後『朝日新聞』に連載された経過報告も、彼の激しい憤りと危機感に満ちあふれている。それらを見れば、中野にとって最大の問題がわが国講和外交の惨敗であったことは自明であろう。その際中野はガンバシチについても語ってはいるが、それはあくまでも付随的なエピソードに過ぎない[26]。

結局、パリ講和会議が中野にもたらした一つの事は、この会議の帰結すなわちベルサイユ体制に対する激しい反発であった。彼はそれを米英本意の国際秩序と称し、会議における不当な日本攻撃と表裏をなすものとみなしてその正当性を否定した。しかし、それは、彼年来の「アジア解放の思想」が強められたといったことではなく、当時の日本の有識者の間で少なからず共有された一つの認識だったように思われる。例えば石橋湛山は、「袋叩きの日本」と題して、『東洋経済新報』の社説にこう書いた。「欧洲大戦の結果、世界の諸国から袋叩きにあった国が二つある。一つは独逸《ドイツ》で、他は我が国である。……我国が此頃世界から受けつつある待遇は、全く御話しにならぬ惨めさである。条約の上からは確かに我国の主張の正しい問題で、支那に騒がれ、米国の議会で散々な侮辱を与えられ、それでも何の抵抗も出来ずして、却って此方から詫状を出した。……袋叩きと云うても、之ほど残酷な袋叩きに遇った国が、曾つて世界にあったろうか[27]」と。すなわち、ベルサイユ体制に対する反発は、中野とナチスだけに見られたことではないのである。

パリ講和会議は、中野にとってさらにもう一つの意味あいで、重要な節目となった。帰国後の彼は、国内政治革新に一段と本腰をいれる。パリでの外交的敗北は、単に外交政策の不備や外交技術上の拙劣さの問題ではない。その原因は、国内の政治体制にある。すなわち、講和会議のあの無残な顚末は、「国民的主張を以て使節を後援する国」と然らざる国の優劣の反映であり、そうであるならば「先ず我日本国を一新せよ」というのが中野の考えであった。(28)普通選挙を要求し議会政治の徹底を求める彼の活動は、この新たな動機づけによって再出発する。そして、前に言及した衆議院議員初当選も、革新倶楽部の結成も、この流れの中で起きたことであり、彼の活動の一つの結実であった。換言すれば、パリ講和会議は、中野とナチスとの接点を生み出しただけではない。それは、ナチスとは対極をなすはずの議会政治の徹底をも、中野の中では同様に動機づけている。緒方は、この点をどのように見るのであろうか。

端的にいって、緒方はこの点について何もふれていない。むしろそれは、中野の変身を「変節改論」とみなす立場からすれば、当然といえる。あるいはそれは、「変節改論」を成立させる一つの伏線といってもよい。緒方は、中野がある時期まで議会政治の推進に熱心であったことを認める。その中野は、しかし、議会政治を捨ててナチス・シンパになった。これを「変節改論」と称するためには、捨てられたものと新たに採用されたものとがかけはなれていなければならない。ところが、中野の議会政治推進とナチスへの共感が共にパリ講和会議を機縁としていることを認めれば、それらはかけはなれた異物というよりも同根ということになりかねない。そうなると、「議会民主主義の徹底を主張した中野君が、掌《たなごころ》を翻へす如くナチス政治を謳歌するのは、「何といっても変節改論たるを蔽へない[29]」などと、簡単にきめつけることはできなくなるわけである。

要するに、「変節改論」のうちナチスとの接点については、パリ講和会議にからめた説明が一応はなされている。だが、中野が捨てたとされる「議会民主主義」については、右のような事情から、パリ講和会議とのかかわりは一切無視された。となると、中野が「相当徹底した議会民主主義を唱へた[30]」動機を、緒方はどのように説明するのであろうか。彼はそれを中野に対する自分の影響として語る[31]。大正九年から約一年半、緒方はロンドンに留学して第一次大戦後のヨーロッパ情勢をつぶさに考察する機会を得、中野はこの親友の蓄積した知見を積極的に吸収した。そしてその中には、緒方が育んだ「議会民主主義」の蘊蓄もふくまれていて、それが中野を刺戟し、「議会民主政治」に邁進せしめたというわけである。この緒方の説明は、恐らく事実無根とはいえないであろう。ただ、中野が議会政治の徹底を求めたについては、まずそれが、緒方との交友をこえた彼固有の主張と行動であったことを認めねばならない。それは、パリ講和会議はいうに及ばず、さらに古く憲政擁護運動にまでさかのぼって始められており、中野には、この独自の経験による知識と力が一貫して蓄積されていた。彼に対する緒方の影響がたとえそのとおりであったとしても、それはあくまでもこの前提をふまえた上でのことなのである。

それでは、なぜ緒方は中野の議会政治推進を固有の背景から切り離して、緒方との個人的な交友関係の中に閉じ込めようとするのか。

差し当り二つのことがいえるように思われる。まず、そうすることでこの一件は著しく軽い事柄となる。中野がいかに「議会民主主義」に熱中したとしても、緒方の影響によってのみそうなったのであれば、その熱が程なくさめはてて消滅したことも容易に納得され、その説明も、「掌《たなごころ》を翻へす如く」というだけで事足りる。さらにもう一つ。このような形で中野の変身を語ることは、緒方を中野と対置することにもなる。そこには、影響を受けた者と、影響与えた者との違いがあざやかに浮かび上る。すなわち、中野はナチス・シンパに転じたけれど、緒方は依然として「議会民主主義」の立場を堅持した。緒方と中野の交友関係という枠組は、そのような緒方の存在を印象づける上で、きわめて好都合なのではなかろうか。

いずれにしても、このように見てくると、中野の「変節改論」なるものは、その二つの側面のどちらについても納得のいく説明がなされているとはいいがたい。中野はなぜ「変節改論」したのか。結局この問いは、なお答えられぬまま残されている。このことは、どのように理解されるべきであろうか。有り体にいえば、緒方はこのことを説明しようとしながらできなかったのではなく、実は最初から説明を放棄し断念している。中野がなぜナチスに魅せられ議会政治を捨ててそのシンパになったのか、「これは私にも十分な説明が出来ない[32]」「すべて憑きものがしたとしか思へなかった[33]」。『人間中野正剛』のほとんど最初のところで、緒方はそのように述べている。従って、右に検討した彼の説明は、このことを前提としながら、なおその上で思いあたるふしについて述べられたものに過ぎない。つまり、そこに首尾一貫した十分な説得力を期待することは、ないものねだりに等しいということになろう。

しかし、そうであるならば、「変節改論」の根拠はどこにもないわけで、それは論理必然的に一方的な臆断となる。そして、そのこととはまた別に、思いあたるふしについての緒方の説明にしても、事実関係の選び出し方に著しい偏向があって、可能な限り試みられた解明の努力とはとうていみなしがたい。最もわかりやすい具体例を一つだけあげるとすれば、中野の著書『講和会議を目撃して[34]』は、その恰好の事例であろう。大正八年帰国直後、中野はパリでの体験をまとめて一書を成し、右の題名をつけて上梓した。それは講和会議の実情を知ろうとする多くの人々の関心を呼んで、短時日のうちに十数版を重ね当時のベストセラーとなった。パリ講和会議が中野にとっていかなる意味を持ったか、これを一読すれば歴然とする。そして、緒方がこのことを知らぬわけはない。知っていながら彼は語らなかった。のみならず、この中野の代表作ともいえる著書の存在についてすらふれようとしていない。その一方で、本筋からはずれた「ガンバシチなる一国際説客」を持ち出して説明の一助とした。これは、明らかな問題のすりかえである。すなわち、「変説改論」は、事実歪曲の上に成り立った虚構といっても過言ではない。

四　「打倒東條の決意」

『人間中野正剛』の核心となる主題は、中野と東條の対決である。「中野正剛の回想」と題する同書冒頭の書き出しは、その対決がもたらした「自刃・凄愴の気、面を撲つ[35]」中野の死を語ることから始められている。これまでにとりあげた「メリー・ゴー・ラウンド」や「変節改論」は、主にそれに続く二つの章で述べられていることであるが、それらはいわばそのような最期をとげた人物に関する解説であり、主題の周辺あるいは背景の説明と位置づけることができよう。この著述の核心をなすものは、あくまでもこの本筋、中野と東條の対立抗争をどのように説明するかということにある。緒方はそのために特に一章をもうけ、他の章よりもはるかに多くの紙幅をさいて入念な叙述を試みている。「東條政府の一敵国」と題するこの章は、しかし、叙述の対象を極端に限定していて、その副題からも明らかなように、「検挙から自刃まで」の経過報告をこえるものではない[36]。それは、中野がいかに弾圧され追い詰められたか、その詳細な説明ではあっても、一体その対立抗争が何をめぐるどのような争いであったのか、より広範な全体像については何も語られていないのである。

戦時下の軍事独裁政権、東條政権を中野はなぜ敢えて打倒しようとしたのか。もちろん、緒方はこのことについて一応の説明を加えている。冒頭の一章「中野正剛の回想」の中には、「打倒東條の決意」と称する一節がもうけられていて、そこで、緒方はこのように述べている。「中野君がいよいよ打倒東條の決意を固めたのは、東條内閣が推薦議員制を考へた時だと思はれる[37]」。つまり、「推薦選挙によって一挙に議会を骨抜きに[38]」しようとする東條政権の意図。それが中野の反東條の決定的な動機であり、両者の争点は、一にかかって議会政治の是非にあった。しかしながら、緒方のこの説明は、いかにも筋がとおらない。そもそも中野は、この時期既に議会政治を見限っていたとされたのではなかったか。そのような中野であるならば、推薦選挙であろうが、議会の骨が抜かれようが、反発しなければならぬいわれは何もない。換言すれば、あの「変節改論」は、ここで改めてその破綻を確認されることになる。中野の「変節改論」をいう限り、この「打倒東條の決意」はなりたちがたい。そして、この食い違いに対する緒方の態度はといえば、あたかもそれに気づかぬかのようですらある。彼はこの点を完全に無視したまま、両者対決の最終局面、すなわち中野に加えられた理不尽な弾圧とその非業の死についてのみ、対照的な細心さで語ることに終始している。

中野は、いかなる意味で「東條政府の一敵国」であったのか。緒方の中途半端な説明をこえて、この点を明らかにしようとすれば、われわれはここで少なくとも二つのことを確認しなければならない。まずその一つは、中野の戦争観。もう一つは、中野の政治観、とりわけ政治と軍事のかかわりという意味で政軍関係観とでもいうべきものがそれである。中野の書き残した文章を手がかりに、それらを確認することが肝要であろう。

その反東條を決定づけたとされる翼賛選挙に際して、中野は『戦争に勝つ政治』[39]と題する選挙用パンフレットを執筆している。それは選挙戦を想定して書かれたこの選挙の問題点のわかりやすい解説である。そこにわれわれは、右の二つの点に関する彼の考え方を同時に読みとることができる。中野がこのパンフレットの中心にすえているのは、あるべき戦争指導とは何かという問題であった。そしてその問いに答える前提として、彼はこの戦争を総力戦と規定とする。この戦争が総力戦であるということは、何よりも国民の総力結集が戦争遂行の絶対的条件であることを意味する。敢えて性急ないい方をすれば、中野の主張の特徴は実はこの先にある。国民の総力結集という総力戦遂行の絶対的条件は、いかにして満たされうるのか。それは、国民に服従を強いるのではなく、国民の意思を反映してこそ初めて実現する。つまり、それが中野のいうあるべき戦争指導の姿であり、民意を尊重し民意に根ざした戦争指導によってのみ総力戦はよく完遂されうる[40]。正に翼賛選挙が否定されるべきはそれ故であり、議会を骨抜きにしようとする東條政権は、このあるべき戦争指導の名において否定されねばならぬというわけである。

この翌年、昭和一八年元旦『朝日新聞』に掲載された「戦時宰相論」でも、中野はやはり同じことをくりかえし語っている。「戦時宰相たる第一の資格は絶対に強きことにある」[41]。そこで中野が主張していることは、結局この一事につきる。そして、その「強さ」が民意に根ざしてこそえられるものであると断言されるとき、それはそのまま、そのような「強さ」を持ちえない東條政権への辛辣な批判を形成していた。ただ、「戦時宰相論」の秀逸さは、その韜晦の巧妙さにある。それは一見穏当至極であり、その字面《じづら》に限っていえば、政府弾劾の書とはとうてい思われない。そこで中野は東條の名を一度もあげていないし、政府批判はおろか日本の現状についてすら、完全な沈黙に終止している。そしてその上で彼は、第一次大戦のドイツ帝国について、なかんずくその敗北と滅亡の原因について熱心に語った。

ドイツ帝国亡国の原因は奈辺にあるのか。彼はそれを、その戦争指導の不適切さに求める。カイゼル以下ドイツ帝国の権力者は、ヒンデンブルクもルーデンドルフも、「国民を信頼せずして、之を拘束せんとした」。彼らは、国民の「自主的愛国心を蹂躪し」、「屈従的労務」を強いた[42]。かくして、起こるべくして起きた敗戦であり亡国であった。すなわち中野はこの示唆に富んだ実例を呈示し、一種の隠喩に仕立てることによって、表面上完全な沈黙を守ったまま、現下の日本、とりわけその戦争指導を激しく指弾したのである。

右の二つの事例から明らかなように、中野の東條政権批判の根底には、現代戦を総力戦と認識する戦争観がすえられている。そしてそのような認識を中野が持つに至ったのは、この時からかぞえて約四半世紀前のことであった。第一次大戦後半の一年余、彼は朝日新聞記者としてロンドンに留学し、この戦争の実態を目のあたりにする機会をえた。それが従来の常識ではとらえきれぬ、国民の総力を結集した全く新しい戦争であることを、彼は既にこの時はっきりと確信している。しかもさらに注目を要する点は、この新戦争観が最初から彼の政治観と連動していることであろう。いいかえれば、中野は国民の総力結集という総力戦の絶対条件を、軍事の課題である以上にはるかに政治の課題とみなす。そして政治がその課題をよく果たすためには、政治の民主化が不可避であると断ずる。「和するにも戦ふにも、国家の最高能率を発揮せんと欲せば、民主政治を布きて全国民の能力を整頓するに非ざれば能はず[43]」。第一次大戦終結間近、大正七年一〇月『東方時論』誌上、中野はそのように書き記した。すなわち、あるべき戦争指導は民意を反映し民意に根ざさねばならぬとする彼の主張は、この時以来一貫して彼の言動の基調となるのである。

既に前節で述べたように、パリ講和会議におけるわが国の外交的敗北は、中野を改めて議会政治の徹底へと駆りたてた。そしてその政治の民主化は、彼にとってさらにもう一つ、総力戦遂行の絶対的条件としても必然性を持つ。中野の「打倒東條の決意」が議会政治の是非にかかわるというのであれば、まずこのことをおさえなければならない。のみならず、第一次大戦以後翼賛選挙に至る四半世紀、中野が一貫して政治の民主化に尽力し続けたことを、同様にはっきりと認めなければならない。中野と東條の対決は、緒方のいうような直情径行の一熱血漢が徒手空拳で独裁者にたちむかったということではなかった。中野にはこの四半世紀の政治改革運動によって培われた実績と実力があった。つまり、彼が東條に楯突いたについては、思想信条の上で必然性があっただけでなく、その必然性を実践するに足る組織と力の裏づけがあったればこそなのである。

大雑把にいえば、政治に民意を反映させることは、中野にとって全生涯をかけて果たされるべき使命であった。しかし、その生涯の最後の約十年、とりわけその後半、それは最も激しくかつ率直な形で追求されている。昭和十四年、中野は衆議院議員を辞職し、「真裸になりて国民大衆の中に[44]」身を投じ、新たな国民運動を開始した。民主政治の媒体であり中核であるはずの政党がそのための求心力を喪失しているとして、彼が既成政党と訣別したのはこれよりさらに前のことであるが、ここで改めてその同じ趣旨がより積極的に徹底して追求されたといえる。昭和十四年から約三年間、中野は自らひきいる東方会をよりどころに、文字どおり在野の政客としてこの運動に全力を傾注した。そしてそれは、中野自身驚くほどの反響を呼び起こし、成功裏に推移したのである。この時期の東方会の機関紙『東大陸』には、そのことがくりかえし報告されている[45]。中野の地方遊説はいずれの演説会場も盛況をきわめ、強い反応が示された。またそれを契機として東方会への入会希望者も急増し、地方支部の開設も相次いだ。ちなみに昭和十六年五月、国技館を会場とする東方会主催国民有志大会に十万人をこえる聴衆が参集したことは、この運動の成功を象徴するできごとといえよう。中野のおこした国民運動は世論の支持を受け、東方会は新たな「国民組織」の中核として急速な発展をとげていたと理解して誤りなきものと思われる。

それ故、「打倒東條の決意」は、たしかに議会政治擁護の決意であった。ただ、その決意は、右に見た国民運動をふまえて初めてなされえたのである。昭和十七年春、中野が翼賛選挙に全面対決の姿勢をつらぬいたことは、これに先立つ約三年間のこの運動の発展と組織の充実をぬきにしては語りえない。ところが、緒方はこのことを全く無視する。衆議院議員を辞職した中野が、文字どおり席のあたたまる暇もなく地方遊説に明け暮れ、何を意図し何を達成したのか、彼が知らぬわけはない。十分承知の上で、しかし緒方は、それを敢てこの文脈からはずす。中野の「東條に対する宣戦は、政治論でない。[46]」そうくりかえし強調した末に、緒方はそれを「学問の精進」の結果であるとする。[47]その口吻は、中野があたかも公的生活の挫折と私的生活の不幸に打ちのめされて隠棲していたといいたげですらある。しかし、「東方会は憚りながら国民運動の指導権を把握している[48]」とおおらかに公言する中野の行動を、「王陽明学的工夫」や「学問の理儀[49]」によって説明することは、所詮無理であろう。

いずれにせよ、『人間中野正剛』は、その核心をなす主題に関しても、中野の実像を描き出してはいない。そこで緒方の描く中野像は、単に不完全とか不正確というよりも、むしろあいまいな虚像というべきではなかろうか。前にも述べたとおり、それは部分的には事実に即した正確な描写を心がけている。しかし、その部分以外の重要な事実関係、しかもそれについて緒方が当然知っていたはずの重要な事実関係を、一再ならずとりあげようとしない。つまり、それはとうてい実像とはみなしがたいのである。

さらにいえば、この虚実の乖離は、第一節で指摘した「明白な事実誤認」に再び結びつく。そこでとりあげた二つの事実誤認のうち特に後者、中野の行った演説の題名に関するそれは、このことに関係づけられて初めてつじつまの合った解釈が成り立つ。昭和十七年十二月、日比谷公会堂で行われた中野の演説の題名を、緒方は、同年一一月早大大隈講堂での演説の題名と二度にわたってとりちがえた。日比谷公会堂における演説は、中野の最後の演説であり激越な東條弾劾演説であったが、その題名を緒方は「天下一人を以て興る」としている。それは正しくは、「国民的必勝陣を結成せよ」であった。もとより、これが単純な思い違いである可能性を完全に排除することはできない。いかにすぐれた新聞人緒方竹虎といえども、人である限りそういう可能性はある。が、その上でなおそれ以外の別の可能性が成り立つとすれば、恐らくそれは次のようなことであろう。

「天下一人を以て興る」。「国民的必勝陣を結成せよ」。この二つの題名を比べてみて、いずれが緒方の描こうとする中野像にしっくりあてはまるか。答えの鍵はその点にある。緒方が描く中野正剛、それは政治的に未熟であるが純粋で情熱的な英雄主義者であった。「天下一人を以て興る」は、そのような人物の行った東條弾劾演説の題名として実にふさわしい。それに比べて「国民的必勝陣を結成せよ」は、語感としていかにも理屈っぽく、東洋的熱血児のイメージとはなじまない。のみならず、それは中野のあの総力戦論や国民運動を想起させる可能性すらはらんでいる。換言すれば、中野の掲げた本当の題名は、当然のことながら、中野の実像と不可分である。緒方は、中野の実像を構成するいくつかの重要な事実関係を黙殺することでその虚像を形作った。その同じ手法によって、彼は演説の題名についても虚実をいれかえたのである。一つの可能性としてそのように解釈することで、このいかにも腑に落ちない事実誤認は、一応の納得をえられるように思われる。

五　「友情の書」

緒方の中野論は、友人としての立場から書かれている。小学校以来の「竹馬の友」、「理屈抜きの友人」、「莫逆《ばくぎゃく》の間柄」(50)。緒方は、中野との関係をくりかえしそのように述べ、親友としての立場を強調している。『人間中野正剛』執筆の動機からして、二人のうちいずれかが先に死んだ者の碑文を書くという、生前にかわされた個人的な約束に由来する。(51)もちろん、中野が政治家である限り、その「碑文」は、当然公人としての中野をも語ることになる。現に『人間中野正剛』の約三分の二は、そのために費やされている。しかしその場合も、親友としての視点は一貫していて、公人としての中野を語るのはあくまでも私人中野を知悉する緒方であることに変わりはない。特にその最終章は、中野の「家庭の不幸」[52]を中心にすえ、私人中野の姿をあますところなく浮彫りにし、彼と緒方の交友を改めて強く印象づけて終わっている。

親友として亡友を語るということであれば、当然のことながら、その内容の真憑性は一にかかって友情の真偽にある。緒方が彼と中野の様々なかかわり、あるいは一般には知られていない私生活について熱心に語るのは、恐らくその点を意識してのことであろう。例えば、福岡から上京した彼ら二人が同じ下宿で共同生活を営んだこと、[53]東京高商の学生だった緒方が中野のすすめでついに早稲田に転校したこと、[54]緒方の朝日新聞社入社も同様に中野の推薦によること、[55]二人とも乗馬が好きだったこと。[56]あるいはまた、「医師の粗忽《そこつ》」のため中野が「左脚切断」を余儀なくされたこと、[57]子煩悩で愛妻家だった中野が夫人と二人の子息に先立たれたこと、[58]中野家の葬儀に際しては、都合五度にわたって緒方が葬儀委員長をつとめたこと、[59]等々である。たしかに、そういった単純明快な事実には、その素朴さ故に自明の真実味がある。ただ、それは彼らの並々ならぬ親密さを得心させるには足りるとしても、もう少し深い意味で問われる友人の信義そのものの証《あかし》としてはなお十分とはいえず、さらにたしかな裏づけが必要なのである。

緒方と中野の交友の絶対的な証明は、中野の死によってもたらされた。前にも述べたとおり、中野は東條打倒を企て、敗《やぶ》れて自ら死を選んだ。そして、その葬儀委員長をつとめたのが緒方である。中野の政治活動とも政治信条とも結びつくことのなかった緒方にとって、それ自体政治的事件であった中野の死に相対するとすれば、友人の立場に立つ以外にはなかった。しかし、事は戦時下の軍事独裁政権に楯突いた謀叛人の死であり、その後始末なのである。そのように剣呑なことにかかわるとなると、もうそれだけで大方の人は躊躇する。様々な圧力にさらされながら、しかし緒方は、それをあくまでも「個人中野正剛の葬儀」としてとりおこない、「非常な盛儀」たらしめた(60)。恐らく、非命に倒れた友人に対するこれ以上の手向けはないであろう。『人間中野正剛』の冒頭、緒方はこの経緯を詳述して、彼らの友誼の証としている。

かくして、緒方の著作は「友情の書」となった。多くの読者にとって、かくも信義に厚い親友の語るところに疑いをさしはさむいわれはない。しかも、そのような判断は、あたっている面がある。こと私人としての中野に関する限り、緒方の言には一片の誤りも見出されない。そこには、いかなる事実誤認も、事実の歪曲も、問題のすりかえも存在しない。すなわち、緒方の描く私人中野正剛は、まぎれもない実像である。そしてそのことは、改めて、この著作全体に信憑性の裏づけを付加しているともいえよう。けれども、それならば、既にわれわれが見たあのいかがわしさは一体何であろうか。公人としての中野に関して、緒方は事実誤認をし、事実を歪曲し、すりかえ、捏造した。緒方の描く公人中野正剛は、実像とは著しくかけはなれた虚像に他ならない。しかも、それがまことしやかに語られ、受けいれられるのはなぜか。実をいえば、この公人の虚像がまかり通るのは、あの私人の実像と組み合わされているからなのである。およそ真の虚像というものは、丸々嘘偽《うそいつわ》りだけでは成り立ちえない。それは、真実と組み合わされる時、初めて本物の虚像となるのである。

それでは、緒方は一体何のためにそのようなことをしたのか。なぜ彼は、私人中野の実像を描いたように、公人としての中野についても実像を描かなかったのか。ここで結論を急ぐならば、次のようにいえよう。緒方が中野の虚像を描いたのは、中野について語るためではなく、緒方自身の立場を主張するためにしたことなのである。それは、公人としての中野の負の遺産を拒絶し、正の遺産のみを相続するためといいかえてもよい。負の遺産というのは中野とナチスの関係であり、正の遺産は、中野が東條打倒を企てたという事実である。この二つを手早く腑分けして、前者を捨て、後者を収《おさ》めるためには、公人中野正剛の実像を誠実に描いていたのでは、とうていおぼつかない。即効性のあるわかりやすい手法が必要であり、それがあの虚像となったのである。

具体的にいえば、たしかに中野は、ある時期をさかいにナチスに傾倒しヒトラーを讃美した。そしてそのような彼の言動は、広く天下に強い印象を残した。今日、半世紀以上の時間が過ぎてみれば、このことを冷静に吟味しその意味を見きわめることは、さほど難しいことではない。中野のヒトラー礼讃はナチズムへの帰依ではなく、彼が一貫して議会政治を尊重し続けていたことは、客観的事実として確認されうる。(61) しかし、敗戦後間もないこの時期、そのような冷静な判断の持つ効果はきわめて限られていた。ナチスに傾倒しヒトラーを讃美したという、もうそれだけで、誰からも拒まれる負の遺産は確定する。世間一般にとって中野は、「ナチスかぶれ[62]」の一言で切り捨てられておかしくない人物であった。もちろん、緒方までそう思っていたわけではない。親友である彼には、中野の真意がわかっていた。「中野君は東方会々長として一部からファッショのように云はれたが、私はそうは考へない[63]」。昭和二三年『日本公論』誌上、緒方はそのように述べている。ただ、彼は、この判定をつらぬこうとはしなかった。三年後に出版された『人間中野正剛』で、この前言はひるがえされ、そこでは「ナチス政治を謳歌する」中野は、議会政治を捨て去ったときめつけられ、「変節改論」と断罪される。かくして緒方は、中野の実像をはなれて虚像を描き、世間一般の水準に合わせてそれを切り捨ててみせた。そうすることで彼は、中野の負の遺産を拒絶すると共に「中野が捨てた」議会政治の擁護を、自らの立場として主張するのである。

「変節改論」が中野の虚像の負の側面であるとすれば、「打倒東條の決意」はそれとは対照的な正の側面といえよう。念のために付言すれば、正の側面とはいえ、それもまた虚像の一部であることに変わりはない。そして、「変節改論」を語るときにそうだったように、緒方は「打倒東條の決意」に関しても、事実に即した説明を最初から放棄している。彼にとって重要なのは、中野が東條打倒を企てたという単純な事実だけである。ナチスに親しんだという負い目のちょうど裏返しとして、東條に敵対したという事実はそれだけで中野の存在を肯定する事柄なのである。緒方は、「変節改論」を中野との断絶点としたのとは逆に、「打倒東條の決意」を結節点として中野に結びつこうとする。先述したとおり、緒方をこの一件に結びつける接点は中野の葬儀であった。それは何にもまして亡友に対する信義の証であったが、その信義を貫くことは私事の領域をこえて、いやおうなく緒方を東條に対峙させる結果を生んだ。「私は中野君の葬儀委員長になった時、中野君の葬儀が非常の盛儀であったならば、中野君が東條政府に勝ったことになるのだと考へた[64]」。そしてその葬儀は、参列者二万人の盛儀となった。「中野が東條に勝ったのだ[65]」。すなわち、緒方は、中野と共に東條と対決したことになるのである。

議会政治の擁護。そして東條に対する敵対。つまるところ、『人間中野正剛』によって緒方が表明した自らの政治的立場は、この二点につきる。しかし、この二つのことをいうために、なぜ彼は中野を介在させ、しかも虚実綯《な》い交《ま》ぜて、手のこんだ著述をなさねばならなかったのであろうか。端的にいえば、それは、彼がこの時期に本格的な政界進出をはかろうとしていたからである。昭和二六年八月公職追放を解除された緒方は、次回衆議院議員選挙に福岡一区より立候補すべく、その準備を本格化させた[66]。周知のとおり、福岡一区は中野の選挙区であり、大正九年の初当選から昭和一七年の翼賛選挙に至るまで、中野の独壇場ともいうべき選挙区であった。議員経歴皆無な上、在京生活が長く地元になじみの薄い緒方がこの選挙区で当選するためには、中野の培った地盤にたよる以外にない。彼が中野の親友であったという事実は、それを可能にする第一の切札である。そしてその上で、中野の正の遺産の相続人として反東條を語り、中野の負の遺産をしりぞけて議会政治擁護を語る。それが、福岡一区の選挙民のみならず、全国民に対する緒方のメッセージであった[67]。

このように見てくると、結論は既に明らかであろう。『人間中野正剛』は、その一般的な印象とは裏腹に、「友情の書」ではなかった。緒方は、それを友人として書いたのではなく、政治家として書いている。緒方は、間違いなく中野の友人であった。彼らの濃密な交友は、幼少時から中野の死に至るまでとぎれることなく続いている。しかし、緒方がこの著作をあらわしたのは、そのような友人として亡友の実像を公私にわたって正確に描きだすためではなかった。彼の執筆目的は、あくまでも右に述べた政治目的におかれている。だとすれば、この多くの虚偽をふくんだ「友情の書」は、どのように評価されるべきであろうか。親友の虚像をまことしやかに描くことを不実と難じ、裏切りと断ずることは容易であろう。ただ、そのような価値判断は、私生活の領域内で通用するに過ぎない。政治家緒方竹虎が政治家中野正剛を語るとなると、この尺度の有効性は著しく減退する。緒方の目的は、中野の残した政治資産を取得し、自らの政治活動の原資として活用することであった。恐らく緒方は、自分こそ中野の遺産を継受するのに最もふさわしい者であり、またそれを最も有効に活用しうると確信していたに違いない。正当性と有効性に確信があるならば、あらゆる手段を用いてその目的を達成しようとすることは、政界ではむしろ当然のことであろう。

改めていうまでもなく、中野の残した政治資産といっても、それは動産や不動産のことではない。

選挙区に培われた影響力の蓄積とでもいうべきものである。それを掌中におさめうるかいなかは、結局人々の得心いかんにかかわっている。緒方はそのために中野の虚像を描いてみせたわけであるが、要は人がそれに納得し彼の主張を受けいれてくれなければならない。そして『人間中野正剛』は、その役割を十分に果たした。多くの書評がそれを「友情の書」と称賛したことは、人々が中野の虚像を実像として受けいれたことを意味する。しかも、ベストセラー第二位という反響は、そこに託された緒方の主張が全国規模で認知されたということでもあった。あるいはこういいかえることもできよう。緒方がこの著述によってしてのけたことは、情報を武器として使いこなすということであり、情報をあやつることで自らに有利な世論を形成するということなのである。かくして彼の意図は達成され、その政界進出の礎《いしずえ》は形成された。もとより、『人間中野正剛』は、中野の評伝としては史家の批判に耐ええない。評価されるとすれば、それは、計算しつくした巧妙な世論操作の実例として、秀逸な教本とでもいうべきであろうか。

ちなみに、この後約四年間、緒方の経歴は、あざやかに華麗な展開をとげた。昭和二七年衆議院議員初当選を皮切りに、官房長官として吉田内閣に入閣、さらに自由党総裁を経て自由民主党総裁代行委員に就任。そして昭和三一年、最高権力の座を目前にした急逝は、なお十分に発揮されることなく終わったその才幹故に、多くの人々のおしむところとなった。それはまた、中野の政治資産がついに活《い》かされきれずに終わったという意味からも、遺憾とされるべきことといえよう。

註

(1) 緒方竹虎、『人間中野正剛』(第四版)、昭和二七年一月二〇日、鱒書房。
(2) 『朝日新聞』昭和二七年一月一〇日。
(3) 同右。
(4) 緒方竹虎、『人間中野正剛』(中公文庫)、昭和六三年、中央公論社。
(5) 猪俣敬太郎、『中野正剛と緒方竹虎』、昭和二七年、民主制度普及会、四～五頁。
(6) 同右、五頁。
(7) 『図書新聞』、昭和二七年一月一四日。
(8) 緒方竹虎、前掲『人間中野正剛』一九頁。
(9) 同右、一六二頁。
(10) 同右、九八頁。
(11) 緒方竹虎、「中野正剛君とメリー・ゴー・ラウンド」、『日本公論』、昭和二三年六月号一〇頁。前掲『人間中野正剛』、三〇頁。
(12) 緒方竹虎、前掲『人間中野正剛』、七一頁。
(13) 同右、二八頁。
(14) 同右、一二三頁。
(15) 同右、四七頁。
(16) 同右、二一頁。
(17) 同右、二八頁。
(18) 同右、二七頁。
(19) 同右、一九頁。

(20) 中野泰雄、『政治家中野正剛』上巻、昭和四六年、新光閣書店、三八三頁。
(21) 緒方竹虎、「民政党の将来及び後継総裁問題」、『改造』昭和六年一月号、一六四頁。
(22) 緒方竹虎、前掲『人間中野正剛』、二七頁。
(23) 同右、一八〜一九頁。
(24) 同右、一八頁。
(25) 猪俣敬太郎、『中野正剛の生涯』、昭和三九年、黎明書房、一四六頁。
(26) 中野正剛、『講和会議を目撃して』(第六版)、大正八年、東方時論社、一八二〜一八八頁。
(27) 石橋湛山、「袋叩きの日本」、『東洋経済新報』大正八年八月一五日号「社説」、『石橋湛山全集』第三巻、昭和四六年、東洋経済新報社、八六〜八七頁。
(28) 中野正剛、「総選挙に臨む国民の責任」、『東方時論』大正九年四月号、七頁。「新局面は独露より開く」、同誌、大正八年七月号、一五頁。
(29) 緒方竹虎、前掲『人間中野正剛』、一八〜一九頁。
(30) 同右、三七頁。
(31) 同右、三七〜三八頁。
(32) 同右、一七頁。
(33) 同右、二一頁。
(34) 中野正剛、前掲『講和会議を目撃して』(第六版)、大正八年九月二三日、東方時論社。大正八年七月二三日、初版。七月二五日、再版。七月二八日、三版。八月二〇日、四版。八月二八日、五版。九月二三日。
(35) 緒方竹虎、前掲『人間中野正剛』、四三頁。
(36) 同右、一六一頁。

(37) 同右、四〇頁。
(38) 同右、同頁。
(39) 厳密にいえば、このパンフレットは中野の書いた評論（「大東亜戦争下の東方会運動」、『東大陸』昭和一七年二月号、三月号、「総選挙と東方会」、『東大陸』昭和一七年四月号）を編集して作成された。
(40) 同右。
(41) 中野正剛、「戦時宰相論」、『朝日新聞』昭和一八年一月一日。
(42) 同右。
(43) 中野正剛、「困難四辺より迫る」、『東方時論』、大正七年一〇月号、一一頁。
(44) 猪俣敬太郎、前掲『中野正剛の生涯』、四一九頁。
(45) 『東大陸』昭和一五年三月号、九頁。
(46) 緒方竹虎、前掲『人間中野正剛』、四一頁。
(47) 同右、一五八頁。
(48) 『東大陸』昭和一四年一月号、七頁。
(49) 緒方竹虎、前掲『人間中野正剛』、四一頁、一五八頁。
(50) 同右、三〇頁。
(51) 同右、一三～一五頁。
(52) 同右、二三二頁。
(53) 同右、三〇頁。
(54) 同右、三一頁。
(55) 同右、同頁。
(56) 同右、三八～三九頁。

(57) 同右、三五頁。
(58) 同右、二三二頁。
(59) 同右、三頁。
(60) 同右、四六頁。
(61) この点については、既に別途くわしく論じている（本書第一章参照）ので、ここでは敢えてたちいらぬこととした。また、中野がナチスに何を求めていたのかということについても、その際十分に検討したのでここでは一切ふれないこととした。
(62) 重光葵、『昭和の動乱』下巻、昭和二七年、中央公論社、二三九頁。
(63) 緒方竹虎、前掲「中野正剛君とメリー・ゴー・ラウンド」、一〇頁。
(64) 緒方竹虎、前掲『人間中野正剛』四五頁。
(65) 同右、四六頁。
(66) 栗田直樹、『緒方竹虎―情報組織の主宰者―』、平成八年、古川弘文館、一八一頁。
(67) 同右、一七三～一七六頁。一九五～一九九頁。

あとがき

これまでの様々な検討の結果、謎とされてきた中野正剛の言動は、ほぼ解明されたと思われる。中野のナチス礼讃やヒトラー崇拝には、人目を引かずにはおかない率直さと激しさがあったが、にもかかわらずそれは彼本来の政治信条を否定するものではなかった。中野は、そこに「行政に先行する政治指導力」結集の新たなモデルを見出し、それを活動の新手法として用いようとしたに過ぎなかった。

ただ、中野に関する誤解や無理解は、そのようなナチスの目眩ましをとりのぞくだけでは消滅しない。例えば、昭和十四年衆議院議員を辞任した中野が新たにくりひろげた国民運動は、以後約三年にわたって華々しい発展をとげたにもかかわらず、今日なお理解はおろか、基本的認知すら得られぬままなのである。

なぜなのか。その理由の一つは明らかに戦時下の特殊事情にある。昭和十六年太平洋戦争開戦によって、この国民運動は上昇気運の真只中で中止を余儀なくされ、以後敗戦に至る混乱の中で、その足跡をうかがわせる資料すら、焼失、散逸してしまったのである。

しかし、それにしても中野の主宰する演説会の各地における熱狂的盛会の記録が機関紙上にくりかえされるのを見ると、戦時下の特殊事情を指摘するだけでは、とうてい十分な説明とはなしえない。

改めていうまでもなく、問題は、昭和二六年緒方が著した『人間中野正剛』なのである。公私にわたって中野を知悉しているはずの緒方が、そこでは、なぜか中野のひきいるこの国民運動と就中その成功を、完全に黙殺している。他の書ではない。衝撃的ベストセラーとして驚異的な数の読者を獲得し、辰野隆によって「友情の書」と評された『人間中野正剛』なのである。そこで緒方が何もいおうとしないことは、即、何もなかったに等しい。そうしてそうであれば、続くその後約二年間にわたる中野の東條弾劾と反政府活動は、単純な蛮勇の発揮に貶められて、疑われることもなく、すみやかに定着することになる。今日世に行われている中野正剛像なるものがあるとするならば、それはこのようにして緒方によって描き出された虚像といって過言ではない。

あるいは、こういいかえることも可能であろう。『人間中野正剛』は、ナチスという目眩ましに匹敵するもう一つの目眩ましであると。しかもそれは、多くの日本人にとってナチスよりはるかになじみやすく、強力な説得力を持っている。従って、このもう一つの目眩ましをとりのぞかなければ、中野を理解しようとする試みはなお道半ば。本書冒頭「まえがき」の表現に立ち帰れば、中野の「素顔を描き出す」作業は未だしとなる。

『人間中野正剛』を「友情の書」として吟味し、旧著『東條討つべし』にこの文献批判をつけ加えて、新たな一書となす所以である。

【謝　辞】

旧著に旧作雑誌論文を合わせて、加筆修正するという見映えのしない企てを快くお引き受け下さった早稲田大学出版部に、この場を借りて謝意を表させていただきます。
特に、面倒な作業を細心かつ誠実にこなして下さった武田文彦氏にお礼を申し上げます。
少々事情があって、去年も今年も中野正剛の命日に墓参できませんでしたが、来年の十月二十七日には、新著を墓前にそなえようと思います。
有難うございました。

令和三年　晩秋

著　者

初出一覧

第一章　初出題、「中野正剛のナチス観」。初出誌、早稲田大学教育学部『学術研究』第四一号、平成五年。第四二号、平成六年。

第二章　初出題、「中野正剛と犬養木堂」。初出誌、同右、第四三号、平成七年。第四四号、平成八年。

第三章　初出題、「中野正剛の東條弾劾」。初出誌、同右、第四六号、平成一〇年。第四七号、平成一一年。

第四章　『東條討つべし—中野正剛評伝』（平成一一年、朝日新聞出版局）出版時に書きおろし。

第五章　初出題、「中野正剛と緒方竹虎—『人間中野正剛』は「友情の書」か—」。早稲田大学教育学部『学術研究』第五三号、平成一七年。第五四号、平成一八年。

室　潔（むろ・きよし）
早稲田大学名誉教授。
一九四〇年生まれ。一九六三年早稲田大学第一文学部史学科卒業後、同大学大学院文学研究科に学ぶ。一九七〇年～一九七二年DAAD奨学生としてドイツ連邦共和国ハイデルベルク大学に留学。一九七八年文学博士（早稲田大学）の学位を取得。
著書『宗教政党と政治改革——新たなドイツ現代史像の素描——』、一九七七年早稲田大学出版部。『ドイツ軍部の政治史——一九一四～一九三三——』、一九八九年早稲田大学出版部。

評伝　中野正剛

二〇二一年十二月三十日　第一刷発行

著　者　室　潔
発行者　須賀晃一
発行所　株式会社早稲田大学出版部
〒169—0051　東京都新宿区西早稲田一—九—一二
電話　〇三—三二〇三—一五五一
http://www.waseda-up.co.jp
デザイン　佐藤篤司
本文組版・校正　株式会社ライズ
印刷・製本　シナノ印刷株式会社
ISBN978-4-657-21021-0

定価はカバーに表示してあります